Perspektive Ewigkeit

Die Deutsche Nationalbibliothek verzeichnet diese Publikation in der Deutschen Nationalbibliografie; detaillierte bibliografische Daten sind im Internet über www.dnb.de abrufbar.

Des Weiteren sind Pflichtexemplare dieser Publikation in der Badischen Landesbibliothek in Karlsruhe und der Württembergischen Landesbibliothek in Stuttgart hinterlegt.

Layout & Satz: David Frick, www.davidfrick.de
Titelbild: Jaimee Moses, www.jaimeemoses.com
Lektorat: Lennart Will, einfach . kommunikation + mehr
Herstellerische Begleitung: einfach . kommunikation + mehr, www.einfach-kommunikation.com

1. Auflage 2016

© 2016 MB Coaching

ISBN 978-3-00-053480-5

MIKE SCHMIDT

PERSPEKTIVE
EWIGKEIT $\longrightarrow$

MB COACHING

EINLEITUNG

Am frühen Abend des 3. November 2015 erreichte mich eine Anfrage zum Predigen. Das war durchaus nicht außergewöhnlich und hätte definitiv nicht ausgereicht, mir dieses Datum zu merken. Seit einigen Jahren bin ich Pastor im ICF Reutlingen, einer Freikirche, die ich gemeinsam mit meiner Frau Bianca leite. Wir durften in relativ kurzer Zeit ein sehr starkes Wachstum erleben. Der Bekanntheitsgrad in unserer Umgebung wuchs zunehmend. Seither kommen immer mehr Anfragen, bei den unterschiedlichsten Veranstaltungen zu predigen.

Und doch habe ich mir dieses Datum gemerkt, denn diese Anfrage löste einiges in mir aus. Sie lautete in etwa: »Wir, der christliche Verein Junger Menschen (CVJM) Öschingen, veranstalten im Rahmen unseres 125-jährigen Jubiläums eine Seminarreihe. Dazu möchten wir Sie gerne als Referent anfragen ….«

Es standen fünf Termine zur Auswahl. Ich antwortete auf die E-Mail und fragte, an welchem der fünf Abende ich denn kommen solle. »… an allen.«

Jetzt war ich wirklich irritiert. Ich gebe zu, die Anfrage schmeichelte mir und rührte ein wenig an mein Ego. Es fühlt sich schon gut an, wenn man von jemandem außerhalb seines normalen Umfeldes angesprochen wird und man somit ein Lob und Bestätigung für seine Arbeit bekommt. Aber fünf Abende nacheinander und dann noch zu einem Thema. Das hatte ich noch nie gemacht und ich war mir nicht sicher, ob ich dafür der Richtige war. In mir kamen eine Menge Zweifel hoch.

An diesem Abend jedoch war unsere Traineegruppe bei uns und es ging um das Thema: Lebensvision. Mir wurde klar, dass Thema und Anfrage zusammenhingen. Weder mein Ego noch die Zweifel sollten ausschlaggebend für meine Antwort sein. Diese Anfrage war eine Möglichkeit, einen kleinen Schritt weiter auf dem Weg meiner persönlichen Lebensvision zu gehen. Daher überlegte ich auch nicht mehr lange. Nachdem ich mit meiner Frau und unserem Leitungsteam darüber geredet hatte, sagte ich schließlich zu.

Und damit begann für mich ein kleines Abenteuer. Das Ergebnis davon hältst du gerade in deinen Händen. Ich wünsche dir viel Spaß und gute Gedanken beim Lesen.

PERSPEKTIVE EWIGKEIT

Wie bereits erwähnt, hatte ich einige Zweifel daran, ob ich wohl die richtige Person sei, diese Seminarabende zu halten. Aber es gab eine leise Hoffnung, dass diese Zweifel verfliegen würden, wenn ich erst einmal die ausführliche Themenvorgabe bekäme. Ein paar Tage vergingen, bis sie dann tatsächlich kam. Sie lautete schlicht: Perspektive Ewigkeit!

That's all. Na prima. Grundsätzlich bin ich ein freiheitsliebender Mensch. Ich mag es, wenn ich mich entfalten kann und dazu auch den Freiraum bekomme. Allerdings benötigt meine Freiheit Grenzen. Vor allem, wenn es darum geht, etwas auf kreative Weise zu erschaffen.

Dieses weit und offen gesteckte Thema, erinnerte mich an meine Schulzeit. Kunstunterricht ist für mich ein Synonym für »Horrorfilm«. Ich habe ihn gehasst. Ganz speziell dann, wenn es hieß: »Ihr dürft einfach frei malen.« In den mir aufgezwungenen elf Schuljahren Kunstunterricht manifestierte sich in mir ein Gedanke. Ich bin ein zeichnerischer Analphabet. Was so viel heißt wie: Ich kann nicht malen.

Heute weiß ich, dass dieser Gedanke so gar nicht stimmt. Während meines Studiums habe ich beim Mikroskopieren gemerkt, dass ich vorgegebene Situationen sehr gut abzeichnen kann. Mein Problem entsteht, wenn meiner Fantasie keine Grenzen aufgezeigt werden. Ich brauche eine bestimmte Richtung, einen roten Faden, ein durchgängiges Muster oder wie auch immer man so eine gedankliche Struktur noch nennen kann.

Auch um mich auf die Predigtwoche vorbereiten zu können, benötigte ich mehr als zwei Wörter. Also begab ich mich auf die Suche nach dem roten Faden. Es fiel mir nicht leicht, denn das Krasse am Thema „Perspektive Ewigkeit" ist ja, dass zwei Dinge aufeinanderprallen, die sich zunächst beinahe widersprechen:

Perspektive: Eine Perspektive ist eine Einstellung, eine Sichtweise, ein bestimmter Blickwinkel. Es geht darum, nur einen bestimmten Teilbereich von etwas zu sehen. Eben aus dieser oder jener Perspektive. Eine Perspektive ist per Definition etwas Eingeschränktes.

Ewigkeit: Die Ewigkeit dagegen ist etwas Grenzenloses. Sie kann maximal in ihrem Anfang eingeschränkt werden, wenn wir zum Beispiel sagen: Von nun an, bis in alle Ewigkeit. In ihrem Ende ist sie aber offen. Und damit stellt das Wort Ewigkeit etwas dar, von dem ich behaupte, dass unser menschliches Gehirn nicht in der Lage ist, es zu erfassen. Wie auch immer deine persönlichen Voraussetzungen in Sachen Intelligenz sein mögen: Wenn du dein Gehirn an eine Grenze bringen möchtest, stelle dir die Ewigkeit vor.

Perspektive Ewigkeit! Es trifft also das Eingeschränkte auf das Grenzenlose. Obwohl das so widersprüchlich klingt, begann sich bei diesem Gedanken so langsam der rote Faden zu bilden. Perspektive kommt aus dem Lateinischen: ›perspicere‹ heißt laut Kleinem Stowasser (ein Latein-Wörterbuch): hindurchsehen, hindurchblicken.

Hindurchsehen auf die Ewigkeit. Wir schauen durch dieses zeitlich begrenzte Leben im Hier und Jetzt hindurch und betrachten etwas, das weiter, größer und umfassender ist als das, was ich jetzt sehe.

In der Bibel heißt es: »*Herr, lehre uns bedenken, dass wir sterben müssen, auf dass wir klug werden.*« (Psalm 90,12). Damit wird der Tod zu so etwas wie das Objektiv bei einer Kamera. Wir schauen durch dieses Objektiv hindurch und bekommen einen Blick auf die Ewigkeit.

An diesem Punkt meines Forschens stieß ich auf die unerschöpfliche Quelle alles Wissens, Wikipedia: »Damit ist die Perspektive stets an den Ort des Betrachters gebunden und kann nur durch Veränderung der Orte der Objekte und des Betrachters im Raum verändert werden. Diese Feststellung ist dahingehend wichtig, dass eine andere Perspektive nicht durch Veränderung des Betrachtungsausschnitts (z. B. durch Verwendung eines Zoom-Objektivs in der Fotografie) herbeigeführt werden kann.« (Quelle: Wikipedia, Suchwort ›Perspektive‹)

Ich versuche, das mal in meine Worte zu packen. Eine Perspektive kann sich nur dann verändern, wenn entweder du dich bewegst oder die Dinge, die du betrachtest, sich bewegen. Ein Heranzoomen bringt dir nur mehr Details, aber keine Veränderung deiner Perspektive. Mein Ausgangspunkt war es also, auf die Ewigkeit aus den verschiedensten Blickwinkeln zu schauen.

Der rote Faden wurde sichtbar. Denn jetzt war mir klar, dass diese Woche zwar ein zusammenhängendes Thema hatte, jeder einzelne Abend aber völlig unterschiedlich sein würde. Je nach Perspektive eben. Jetzt entstanden die entscheidenden Fragen für die bevorstehende Seminarwoche.

Welche Perspektive habe ich auf die Ewigkeit und was hat das mit dem Leben im Hier und Jetzt zu tun? Wer bin ich als Betrachter? Wo schaue ich hindurch? Was sehe ich, wenn ich über dieses Leben hinausblicke? Wenn ich mit dem, was ich da sehe, nicht einverstanden bin, muss ich mich dann im Hier bewegen oder kann ich die Dinge in der Ewigkeit verändern?

Meine Fantasie hatte endlich Leitplanken bekommen. An diesen Fragen wollte ich mich in der Vorbereitung orientieren. Und ich machte mich auf den Weg, nach Antworten zu suchen.

AN TAGEN WIE DIESEN

»An Tagen wie diesen wünscht man sich Unendlichkeit. An Tagen wie diesen haben wir noch ewig Zeit. Wünscht man sich Unendlichkeit!« (Die Toten Hosen: ›An Tagen wie diesen‹ vom Album ›Ballast der Republik‹, Text: Campino und Birgit Minichmayr)
Ein Lied, das mir aus tiefstem Herzen schreit – ich wünsche mir Unendlichkeit!

Wir schreiben das Jahr 1974. Die Welt hat soeben die bisher größte Ölkrise aller Zeiten überwunden. Richard Nixon verlässt das Weiße Haus. In der Nähe von Xi'an wird die berühmte Terrakottaarmee entdeckt. Deutschland wird zum zweiten Mal Fußballweltmeister. Dank sportlicher Größen wie Franz Beckenbauer, Günther Netzer und den Hoeneß-Brüdern gilt die Nationalelf als unschlagbar. Kurz gesagt: Deutschland befindet sich auf dem Höhepunkt seiner Zufriedenheit. Doch das Beste sollte erst noch kommen.

7. SEPTEMBER 1974

Am siebten September, einem Samstag, wurde ich in Lüdenscheid, einer mittelgroßen Stadt im Sauerland am Rande des Ruhrgebietes, geboren. Meine Geburt war so etwas wie ein kleiner Vorgriff auf das, was später kommen sollte. Ich hatte keine Geduld und war zu schnell unterwegs. Das Resultat: Ein verdrehtes Brust- und ein gebrochenes Schlüsselbein.

Die ersten Seiten meiner beinahe unendlichen Krankenakte wurden also schon recht früh beschrieben und so ging es zunächst auch weiter. Bereits nach einem halben Tag wurde ich von den Ärzten abgeholt und in eine Kinderklinik gebracht. Ich hatte eine sehr spezielle Form von Gelbsucht und es war zunächst nicht klar, ob ich diese überleben würde. Als Baby war ich mehr oder weniger durchgängig krank. Mit neun Monaten hatte ich die erste Lungenentzündung.

Ein beruflich bedingter Umzug meiner Eltern ins gelobte Schwabenland und die damit verbundene Luftveränderung hätten mir gut tun sollen. Doch mit 15 Monaten bekam ich die zweite Lungenentzündung. Die Ärzte waren ratlos und verabreichten ein Antibiotikum nach dem anderen. Nachdem sich mein Zustand drastisch verschlechterte, wechselten meine Eltern in Ihrer Verzweiflung den Kinderarzt. Der schlug die Hände über dem Kopf zusammen und meinte, wenn man mein Blut destillieren würde, könnte man daraus Penicillin gewinnen. Ich vermute, diese Aussage dürfte einer wissenschaftlichen Überprüfung nicht standhalten. Auf jeden Fall strich er sämtliche Medikamente. Er informierte meine Eltern schonungslos darüber, dass ich ohne die Medikamente sterben könnte. Ich würde es aber auf keinen Fall überleben, wenn man diese Behandlung so weiter fortsetzte. – Ich habe es überlebt.

Über meine Kindheit könnte ich relativ viel erzählen. Allerdings würde dir dabei das Buch aus der Hand fallen, weil dich vor Langeweile der Schlaf ereilen würde. Man kann meine Kindheit nämlich schlicht und einfach als normal bezeichnen. Ich wuchs als der jüngere von zwei Brüdern in einem sehr guten, behüteten, Elternhaus auf. Wir waren nach meinen Maßstäben nicht reich und auch nicht arm.

Mein Vater, Techniker, und meine Mutter, damals Hausfrau, legten sehr viel Wert darauf, uns nach christlichen Maßstäben zu erziehen. Es gab eigentlich nie irgendwelche Zwänge oder Pflichten. Aber für uns war es völlig selbstverständlich, von klein auf, mit Jesus und Gott groß zu werden. Mit sechs Jahren ging ich in die Jungschar des örtlichen CVJM. Im Alter von zehn Jahren ließ ich mich, auf meinen Wunsch hin, taufen.

Da meine Eltern einen freikirchlichen Hintergrund haben und erst später in die Landeskirche gingen, waren wir nicht als Kleinkinder getauft worden. Zu meiner Taufe wusste ich nichts von Vergebung der Sünden und einem neuen Leben in Christus, aber ich wollte vor unserer Kirche sagen, dass ich an diesen Gott und an Jesus glaubte. Präziser, dass ich an seine Existenz und daran glaubte, dass er uns lieb hat. Sehr kindlich, sehr naiv, aber bewusst.

Auch wenn ich meine Kindheit als normal bezeichnen würde, so trifft das auf meine Persönlichkeit wohl nicht ganz zu. Meine Schulberichte bestätigen mir einen ausgeprägten, aufgeweckten Charakter. Meiner sehr geschätzten Grundschullehrerin fiel auf, dass ich mir in vielen Bereichen sehr viele und wohl auch andere Gedanken als meine Altersgenossen machte.

Der Gedanke an die Ewigkeit faszinierte und erschreckte mich gleichzeitig. Ich fand es faszinierend, mir vorzustellen, dass es nach dieser Zeit hier auf der Erde noch etwas anderes gibt. Mich beeindruckte allein schon die Tatsache, dass es einige Menschen gab, über die ich vieles lernen und lesen konnte, obwohl sie schon tot waren. Vielleicht war ich der Einzige in meiner Klasse, der im Grundschulalter von Lexika fasziniert war. Erschreckend war für mich, mir diese Ewigkeit im Detail vorzustellen. Ich hatte Angst davor, dass man nach dem Tod, bis in alle Ewigkeit, die ganze Zeit einfach nur daliegen müsse. Das erschien mir sehr langweilig.

Sei es nun Faszination oder Schrecken, da gibt es etwas in mir, das ich seit dieser Kindheitszeit kenne und lange Zeit nicht einordnen konnte. Ich hatte schon immer einen ganz tiefen Wunsch, eine Sehnsucht, dass etwas von mir da bleibt, wenn ich einmal nicht mehr leben würde.

26. APRIL 1986

Am 26. April 1986 geschah eine echte Katastrophe. In der Ukraine (Sowjetunion) ereignete sich der Reaktorunfall von Tschernobyl. Bei einem Brand in einem Kernkraftwerk trat eine riesige Wolke mit radioaktivem Staub aus und zog sich bis weit über Europa.

Währenddessen sprang in Bad Urach ein noch nicht ganz Zwölfjähriger in einer Turnhalle mit einem Kopfsprung von einer Tribüne. Was als eingesprungene Flugrolle gedacht war, wurde zu einer satten Bruchlandung. Eine schwere Gehirnerschütterung, ein ausgekugelter Ellenbogen und eine über drei Zentimeter lange Trümmerfraktur im Oberarm waren das Resultat dieser Aktion. Zu gut Deutsch: Mein Arm war Schrott und ich musste operiert werden. Doch das war nur der Auftakt eines noch sehr lang werdenden 1986.

Im Sommer folgte die nächste Operation, um die ganzen Nägel und Schrauben wieder aus dem Arm herauszuholen. Zur gleichen Zeit nahm ich auf einmal extrem zu. In einem halben Jahr kletterte die Waage um mehr als fünfzehn Kilo nach oben. Es war für mich nicht nachvollziehbar, was da mit mir geschah. Ich aß nur noch sehr wenig und wurde trotzdem immer schwerer. Die Hänseleien in der Schule wurden immer übler und ich verstand die Welt nicht mehr.

An klugen Ratschlägen mangelte es nicht. Ich versuchte es mit mehr Sport. Doch dabei bekam ich eines Nachmittags seltsame Schmerzen in der Leiste. Nach zwei Wochen ging ich zur Krankengymnastik. Die Diagnose: Leistenzerrung. Die Behandlung: Dehnen und Bewegungsbad.

Es wurde nicht besser. Nach sechs Wochen kam ich an einem Freitagmorgen vor Schmerzen nicht mehr aus dem Bett. Meine Mutter brachte mich zu einem Orthopäden und der stellte fest, dass ich einen schweren Hüftschaden hatte, der bereits viel früher hätte operiert werden müssen. Eine sensationelle Aussage. Das bringt dir viel, wenn es schon zu spät ist. Ich wurde sofort nach Stuttgart in eine Klinik gebracht. Dort erwartete mich ein Streckbett. Ich bekam einen Galgen mit einem Sandsack an die Füße und durfte nicht mehr aufstehen.

Die Ursache des Hüftschadens und meiner Gewichtszunahme war eine Hormonstörung. Der Schaden war bereits so fortgeschritten, dass es für eine normale Operation zu spät war. Der eigens für diese Operation aus Hamburg eingeflogene Dr. Marquardt traute sich den Eingriff allerdings zu. Das Risiko, hinterher im Rollstuhl zu sitzen, lag bei fünfzig Prozent. Medizinisch gesehen nicht so schlecht. Die Perspektive für mich: katastrophal.

Nach der Operation lag ich insgesamt fünf Wochen im Streckbett. Das heißt, flach auf dem Rücken, kein Umdrehen, kein Aufstehen. Das Krankenhaus war ein altes Diakonissenkrankenhaus. Es gab dort kein Radio und kein Fernsehen. Für mich heute gar nicht mehr vorstellbar, doch der Vorteil dieser Art von Nichtunterhaltung war, dass ich genügend Zeit zum Nachdenken hatte.

Ich wusste, dass meine Eltern und viele aus der Kirche für mich beteten. Mich dort zu besuchen, war den meisten allerdings zu weit oder zu umständlich, aber es gab Ausnahmen. Eines Abends stand auf einmal ein junges Pärchen aus unserer Kirche in meinem Zimmer. Sie wollten einfach nach mir sehen, hatten mir ein Buch mitgebracht und beteten für mich. Das war ein Abend für die Ewigkeit. Ich werde ihn wohl nie vergessen. Hätte ich nicht im Bett gelegen, hätte es mich an diesem Abend einfach umgehauen.

Die beiden hatten etwas an sich, das ich unbedingt auch haben wollte. Steffen und Sibylle Beck, die heutigen Pastoren von ICF Karlsruhe, sollten noch eine wichtige Rolle in meinem Leben spielen. Davon wusste ich logischerweise damals noch nichts. Ich spürte, dass bei ihnen mehr war als nur der Glaube an die Existenz von Gott und Jesus. Sie strahlten so extrem viel von dieser Liebe auf mich aus, dass ich weinen musste. Ich fing an, zu beten. Genau das, was die beiden hatten, wollte ich auch haben.

In der Zeit danach reifte in mir der Gedanke, dass ich Pfarrer oder Pastor werden wollte. Diesen Gedanken legte ich Gott im Gebet hin. Wenn dies sein Plan für mich wäre, sollte er mich nie wieder loslassen, bis ich umsetzen würde, was er möchte.

Die Operation meiner Hüfte war erfolgreich und ich wurde vollständig geheilt. Ich lief insgesamt neun Monate an Krücken. Meine Hüfte wurde gesund und belastbar.

Mein Gebet aus dem Krankenhaus hatte ich nicht vergessen. Ich konnte mir gut vorstellen, Pfarrer zu werden. Auf dem Weg dorthin nahm ich in unserem CVJM alles mit, was ging, von Jungschar und Jungenschaft über Jugendkreis bis zu Posaunen- und Jugendchor. Als Teilnehmender und auch als Leiter. Ich war mittendrin statt nur dabei.

Schon damals habe ich mich sehr stark für theologische Fragen interessiert. Mir war es immer wichtig, das Dahinter zu verstehen. Es war nie ausreichend für mich, wenn ein Leiter oder Pfarrer eine Meinung oder These einfach nur vertrat. In mir bohrte immer die Frage nach dem ›Warum‹. Ich wollte verstehen, warum die Kirche gewisse Lehren vertritt. Dabei stolperte ich immer wieder darüber, dass es einen Unterschied gab zwischen dem, was ich in der Bibel las, und vieler in meinem Umfeld gängiger christlicher Haltungen und Meinungen. Ich realisierte erst viel später, dass der Grund dafür an verschiedenen Stellen zu suchen ist. Meine Sichtweise auf die Bibel ist natürlich subjektiv und mein persönliches Umfeld stellte nur einen kleinen Teil von sehr ausdifferenzierten christlichen Meinungen dar. Das war mir aber damals nicht bewusst. Meine Fragen an das Leben und den Glauben wurden nur selten, und wenn, dann nur sehr unzureichend, beantwortet.

Ich hatte damals eine sehr starke Vorliebe für Rockmusik und passte dementsprechend auch mein Aussehen an. Lange Haare, Jeansklamotten mit Aufnähern, Band-T-Shirts ... was man als Rockmusikfan eben trägt. Mein Äußeres zog nicht nur Begeisterung auf sich. Es gab Leute, die ernsthaft ihre Kinder nicht mehr zu mir in die Jungschar schicken wollten, weil ich lange Haare hatte und nicht dem gängigen Bild unserer Kirche entsprach. Doch das war noch nicht genug. Ich hatte schon sehr früh eine Freundin und beschäftigte mich daher natürlich auch mit Themen wie Sexualität, Freundschaft und Partnerschaft. Doch irgendwie wurde ich mit meinen Fragen zu diesen Themen nie wirklich ernst genommen.

Im Sport hingegen lief es immer besser. Ich hatte mit dem Handballspiel angefangen. Talent hatte ich sicher nicht mehr als andere, aber ich war ehrgeizig und fleißig. So bekam ich die Möglichkeit, unseren Heimatverein zu verlassen und beim TV Neuhausen auf höherem Niveau zu trainieren und dann auch zu spielen. Diese Erlebnisse im Sport gaben mir sehr viel. Neben dem Spaß und interessanten neuen Freundschaften fand ich Bestätigung und Anerkennung. In unserer Kirche erlebte ich dagegen immer mehr Enttäuschungen.

Meine persönlichen Vorbilder, Steffen und Sibylle, verließen aus Studiengründen unseren Ort. Ich sehnte mich so nach Erfahrungen mit Gott und dem heiligen Geist, nach tiefem Glauben und Christen, die ihren Glauben ernsthaft lebten und trotzdem wirklich Spaß am Leben hatten. Meine Sichtweise auf unsere Kirche entwickelte sich zunehmend negativ. Ich nahm immer mehr ein ›Drinnen‹ und ›Drau-ßen‹ war. Von drinnen, also aus der Kirche, ging keiner raus. Und von draußen kam keiner rein. Die brave heile Welt von innen sollte nicht gestört werden und die draußen konnten damit nichts anfangen.

Eine Kirche steht immer in der Gefahr, dass sie sich zu viel um sich selbst dreht. Die Themen in den Predigten waren immer dieselben und irgendwann kam ich an den Punkt, an dem ich dachte: Jetzt kennst du alles. Die Bibel kennst du. Christsein kennst du. Mitarbeiter sein kennst du. Aber was ist mit dem Leben außerhalb dieses künstlichen Rahmens? Warum kommen so gut wie nie Neue dazu? Immer nur die gleichen Gesichter und immer nur die gleichen Meinungen. Und ich stand immer dazwischen. Da war die Kirche und dort waren der Sportverein und meine Kumpel. Diese Diskrepanz sollte noch viel schlimmer werden. Aber ganz so weit war es noch nicht.

Die Einschätzung meiner Grundschullehrerin war wohl nicht ganz falsch. Ich blieb ein etwas seltsamer Schüler. In der Oberstufe belegte ich eher ungewöhnliche Fächerkombinationen. Mathe und Sport als Leistungskurs, Religion als Schwerpunktfach und Philosophie und Psychologie als Ergänzungsfächer. Außer in Mathe war ich in diesen Fächern ein Einserkandidat. Damit habe ich das Weltbild meiner Lehrer scheinbar etwas auf den Kopf gestellt. Sportler hätten es in den Armen, aber nicht im Kopf – ein Vorurteil, dass auch an unserer Schule weit verbreitet war.

Die Lehren der großen Philosophen, der Religionskritiker, aber auch der alten Kirchenväter standen für mich in einem totalen Widerspruch zu dem, was ich in unserer Kirche erlebte. Das Innen wurde immer enger und das Draußen immer interessanter. In dieser Zeit setzte ich mich noch einmal sehr intensiv mit dem Gedanken auseinander, Pfarrer zu werden. Den Ruf von Gott verspürte ich immer noch, aber ich konnte mir beim besten Willen nicht vorstellen, mich mit dieser inneren Zerrissenheit voll und ganz in Kirche zu investieren. Und um Investitionen sollte es in den nächsten Jahren viel gehen.

SOMMER 1995

Mein Abitur war geschafft. Was jetzt? Über meinen Bruder bekam ich für ein paar Monate einen Job in der Psychiatrie. Nach einer ersten Ablehnung erhielt ich dann im September die Zusage der Universität Tübingen. Ich begann mit einem Sport- und Biologiestudium auf Lehramt an Gymnasien. In Hinsicht auf die Kirchengemeinde hatte sich mein Gefühl von »drinnen und draußen« nicht verändert. Allerdings hatte sich mein Leben komplett nach draußen verlagert. Das war so total anders als das Drinnen. Mein Gebet damals im Krankenhaus war, dass Gott mich, wenn er mich in einem vollzeitlichen Dienst haben möchte, nicht mehr loslassen sollte. Ich konnte mir vorstellen, Pfarrer zu werden, doch diese Kirche hatte so gar nichts mehr mit mir zu tun.

Ich unterlag in dieser Zeit zwei großen Lügen. Die erste hatte mit mir selbst zu tun: Ich war der Meinung, mit mir könne irgendetwas nicht stimmen. Als Gott mich und diese Kirche gemacht hatte, musste er etwas falsch gemacht haben. Wir passten überhaupt nicht mehr zusammen.

Die zweite Lüge betraf die Anderen: Nachdem ich zu der Freiheit gelangte, dass Gott mit mir nichts falsch gemacht hatte, gab es nur eine logische Schlussfolgerung: Die Anderen mussten falsch sein. Dieser Gedanke ist grundsätzlich ja gar nicht so abwegig. Wie soll man als moderner Mensch des 21. Jahrhunderts einen Bezug zu einer Kirche aufbauen, deren Sitzmöbel aus dem 19. Jahrhundert stammen und deren Musik im 18. Jahrhundert komponiert wurde und auf Musikinstrumenten aus dem 16. Jahrhundert gespielt wird? Meine Lebensfragen zu Themen wie Karriere, Wissenschaft, Freundschaft, Sexualität, Geld, Politik und Gott wurden immer mit irgendwelchen Aussagen und Thesen von Martin Luther beantwortet. Ich schätze Martin Luther sehr hoch. Aber ich war ein junger Mensch, der dabei war, sich selbst in dieser Welt zu suchen. Da wirken schon die Antworten der eigenen Eltern als verstaubt. Mit Antworten, die schon hunderte Jahre alt waren, konnte ich einfach nicht umgehen, auch wenn sie noch so wahr sein mochten.

Wie ich Kirche erlebte, hatte nichts mehr mit mir zu tun. Es kam mir vor wie Ahnenforschung. Deshalb verwarf ich den Gedanken, Pfarrer zu werden, wieder und widmete mich umso intensiver meinem Studium und dem Sport. Ich war völlig vernarrt. Sechs Tage in der Woche, zwischen vier und sechs Stunden täglich. Mein Leben bestand nur noch aus Sport. Die Kombination mit Sport und Biologie war zwar interessant, hielt mich aber viel zu viel auf. Daher wechselte ich zur Germanistik. Jetzt hatte ich endlich die Zeit, mein Studentenleben wirklich zu genießen.

Das einzige Problem war, dass ich nie wirklich gut werden konnte. Immer wenn ich gerade einen Leistungsschub hatte und mich weiter entwickelte, kam wieder eine Verletzung dazwischen. Ich hatte insgesamt fünf Bänderrisse in den Sprunggelenken, diverse Fingerbrüche, Schulterknochen gebrochen, Außenband im Knie gedehnt. Es war zum Verzweifeln. Doch der Kämpfer in mir lies nie locker. Ich rappelte mich immer wieder auf und trainierte noch mehr und noch intensiver und kam immer wieder zurück.

FRÜHJAHR 1997

Im Sommersemester 1997 kam für mich das absolute Schockerlebnis. Ich kugelte mir zweimal hintereinander die Schulter aus. Es war so ziemlich alles abgerissen, was an einer Schulter dran ist: Sehnen, Bänder, Knochen. Die Langzeitdiagnose war: Sportinvalide. Keine Möglichkeit, das Studium zu beenden.

Der Traum, die Sehnsucht, irgendwann einmal einen Rekord oder einen Titel zu erreichen, war seit meiner Kindheit in mir lebendig. Ich wollte, dass etwas von mir stehen bleibt. Etwas, das auch nach mir noch von Bedeutung sein würde. Den Weg, diesen Traum zu verwirklichen, hatte ich im Sport gesehen. Mein Leben hatte von morgens bis abends aus Sport bestanden, Sport machen, Sport denken, Sport schauen. Alles, was mir zur Verfügung stand, hatte ich in den Sport investiert. Aber dieser Traum war jetzt geplatzt. Ich musste mit 23 das Studium und meine Ambitionen im Sport beenden. Rückblickend war das der größte Tiefschlag in meinem Leben. Die riesige Investition hatte sich nicht gelohnt.

INVESTITIONEN

Meine Frau lernte ich mit 13 Jahren im Freibad kennen und es war nicht die Liebe auf den ersten Blick. Auch nicht auf den zweiten und dritten. Wir brauchten wirklich sehr lange, um zu checken, was wir wirklich wollten, und ich musste mich mächtig ins Zeug legen, um sie zu gewinnen. Aber als wir einmal kapiert hatten, dass wir uns lieben, gab es auch keine Zweifel mehr. Wir haben uns mit 21 verlobt und mit 23 geheiratet. Ich denke, ich darf an der Stelle im Einverständnis meiner Frau ein Lied von Silbermond beinahe zitieren: Das war das Beste, was uns je passiert ist.

Unser größter Wunsch war es, ganz früh Kinder zu bekommen. Wir wollten junge, verrückte Eltern sein, ganz nah dran an unseren Kindern. Vermutlich hatten wir unterschiedliche Motive, warum uns Kinder so wichtig waren. Ich wollte unbedingt Kinder haben, weil ich etwas hinterlassen wollte. Etwas, das auf dieser Welt noch etwas bedeutet und Einfluss hat, wenn ich mal nicht mehr bin. Ihre Motive waren sicher anders gelagert, sollten aber zum selben Ziel führen.

Wir gaben uns viel Mühe, aber das Ziel blieb aus. Bianca wurde nicht schwanger. Unter vielen Tränen bekamen wir die Diagnose, dass wir beide aus medizinischer Sicht unfruchtbar sind. Bei Bianca gab es organische Gründe – bei mir nur wilde Spekulationen.

Wir wollten diese Diagnose nicht hinnehmen und waren bereit, in unseren Wunsch zu investieren. Die Ärzte rieten mir zu einer Hormonbehandlung, die ich über mich ergehen ließ. Getrieben von der Hoffnung, dass sich die Investition lohnen würde, erlebte ich das, was üblicherweise eher Frauen in der Schwangerschaft erleben. Ich wurde müde, hatte häufig Kopfschmerzen und nahm über dreißig

Kilo zu. Stimmungsschwankungen tauchten wie aus dem Nichts auf. Eines Morgens bekam ich bei einer völlig harmlosen Diskussion mit meinem Chef einen Weinkrampf. Es war einfach nur ätzend.

Nach etwa zehn Monaten streikte meine Leber. Die Werte waren durch die Medikamente so angestiegen, dass es langsam bedrohlich wurde. Das Ergebnis der Behandlung war hingegen umwerfend: Meine Spermienanzahl erhöhte sich von 1000 auf 2000. Der statistische Mindestwert liegt bei vierzig Millionen! Völlig frustriert nahm ich an diesem Tag die Abschlussdiagnose entgegen, dass wir auf natürlichem Wege keine eigenen Kinder bekommen können.

Daraufhin entschieden wir uns zu einer künstlichen Befruchtung und nahmen dazu die Hilfe einer Privatklinik in München in Anspruch. Dort erlebten wir ein krasses Wunder. Die Wahrscheinlichkeit, dass es beim ersten Versuch gelingt, liegt zwischen 20 und 25 Prozent. Bei uns gelang es sofort. Bianca hatte eine absolut unkomplizierte Schwangerschaft und im Januar 2003 kam unsere Tochter Leoni Fee zur Welt. Um Leoni zu zeugen, bediente sich Gott der Mittel der Medizin.

Unser Sohn Jan Luca kam im Oktober 2005, ohne medizinisches Eingreifen. Auf ganz normalem Weg, mit dem Klapperstorch. Gott tut Wunder, so oder so.

Wir haben in unsere Kinder extrem viel Zeit, Geld, Tränen, Gebete und Geduld investiert. Eine Investition, die sich gelohnt hat.

KARRIERE

In dieser Zeit begann ich ganz langsam, eine Art Doppelleben zu führen. Für meine Frau und mich war Sex zu einer ziemlich frustrierenden Sache geworden. Wir schliefen miteinander, um Kinder zu zeugen. Klar hat es auch Spaß gemacht, aber es war immer Druck dabei. Ist es die richtige Zeit, der richtige Tag? Und dann immer der Frust, wenn es am Monatsende wieder nicht geklappt hatte.

Meine Gefühle begannen sich zu entzweien. Gemeinsam hatten wir Sex, um Kinder zu zeugen, nach Terminkalender. Meine Lust dagegen lebte ich bei der Selbstbefriedigung mit irgendwelchen Pornoheftchen aus. Es begann alles völlig harmlos: Was ist denn schon dabei, sich mal ein paar schöne Frauen anzuschauen und sich dabei seiner wirklichen Lust hinzugeben? Nichts. Es war für mich in Ordnung. Ich hatte zwar ein bisschen ein schlechtes Gewissen, aber das lag ja nur an meiner christlichen Erziehung. Überhaupt die Christen. Mit denen konnte man darüber ja gar nicht reden. Das war dort tabu.

Beruflich lief es gut weiter. Ich war viel unterwegs und bekam oft Gelegenheit, in Hotels und auf der Straße, im Auto auf dem Weg zu den Kunden, allein zu sein. Der Stress nahm natürlich auch zu. Aber mittlerweile hatte ich ja das Internet entdeckt. Diese ständige, unendliche Möglichkeit, sich an Pornos zu bedienen. Jederzeit und permanent etwas Neues. Immer abrufbereit, keine Diskussionen, kein »Sich-Mühe-geben« und kein »heute mal nicht«.

Stress war nicht schlimm. Ich konnte mich ja abends oder im Hotel entspannen. Meine Frau wusste das auch, aber es war zu dem Zeitpunkt noch kein großes Problem. »So etwas tun Männer eben.« Doch irgendwann kam ein Punkt, an dem das Ganze außer Kontrolle geriet. Ich begann, mein Verhalten zu verheimlichen. Es wurde immer häufiger und immer intensiver. Ich wollte nicht darüber reden und ich wollte auch keine Rechenschaft darüber ablegen. Es musste ständig etwas Neues her, immer mehr, immer heftiger. Ich wusste hinterher immer, dass es nicht in Ordnung war, und ich fing dann immer an, zu beten und um Vergebung zu bitten. Zarte Versuche, mit anderen Christen zu reden, scheiterten völlig. Die Einen sagten, das sei doch völlig normal, und die Anderen erhoben nur den Zeigefinger: »Hör auf, sonst landest du in der Hölle.« Das half mir aber beides nicht weiter.

Die Freude und das Glück über Leonis Geburt ließen mich zunächst alles vergessen. Eine Zeit lang ging es ganz ohne Internet, ohne irgendwelche Pornos. Doch das hielt nicht lange an. Es war völlig verrückt. Zwischen Bianca und mir lief es immer besser, der Sex war viel schöner und befreiter als je zuvor. Und trotzdem zog ich mich wieder in meine Fantasiewelt zurück. Ich weiß bis heute nicht genau, warum. Es kam mir so vor, als ob mein ganzes Leben, mein Bewusstsein wie von einem Nebel verschleiert war. Ich wusste, es gab einen Lichtstrahl, doch mein Auto fuhr irgendwie mit Vollgas in die Dunkelheit.

Dann kam die Wende in meiner beruflichen Laufbahn. Mein Vorgesetzter, der mich am Anfang so gefördert und unterstützt hatte, begann, mich zu hassen. Er hatte Angst, ich könnte an seinem Stuhl sägen. Er machte mir das Leben zur Hölle. Ich lernte, was Mobbing ist und wie es sich anfühlt. Nach einiger Zeit beantragte ich dann die innerbetriebliche Versetzung und kam zu einem wirklich guten Vorgesetzten. Beruflich lief es wieder.

Gott hatte uns in der Zwischenzeit durch Biancas zweite Schwangerschaft seine schöpferische Kraft an Jan gezeigt. Wir haben Wunder erlebt. Wir waren überglücklich. Aber zu diesem Zeitpunkt wurde binnen eines Tages mein Vorgesetzter entlassen und ich bekam den vorherigen wieder. Er setzte innerhalb von drei Wochen meine Entlassung durch.

Zum zweiten Mal nach dem Ende meines Studiums fiel ich in ein tiefes Loch. Das konnte doch alles gar nicht sein. Ich hatte einen extrem guten Job, hatte permanent Erfolg. Alle Zahlen stimmten und dennoch musste ich realisieren, dass in einem Unternehmen Politik mehr zählt als Leistung. Ich stürzte noch tiefer in meine Sucht. Zum Teil verbrachte ich mehrere Stunden am Tag im Internet. Ich wusste, dass ich krank war, aber ich konnte nichts dagegen machen. Ich betete und flehte zu Gott, er solle mich davon befreien, doch nichts passierte.

Ich hatte super Zeugnisse und konnte trotz meines noch geringen Alters viel Erfahrung nachweisen. Darum hatte ich keine Probleme, sofort wieder eine Stelle zu finden. Jetzt sollte alles anders werden: mit einem Job im Innendienst. Keine Möglichkeit mehr, tagsüber ins Internet zu gehen. Gott hatte mir bestimmt diese Stelle gegeben, damit ich mehr unter Kontrolle war.

Mitten in der Probezeit kam Jan auf die Welt. Drei Wochen später fuhr ich vor die Wand. Oder besser gesagt, vor die Bande – mit einem Go-Kart. Das Dumme war nur, dass ich meinen Fuß zwischen Bande und Go-Kart hatte. In einem sehr dummen Reflex dachte ich, ich könnte mich von der Wand abstoßen. Dabei riss ich mir beinahe meinen Fuß ab. Er hing seltsam herab, vom Knöchel abstehend, und wurde nur noch durch die Haut gehalten ...

Während meiner Ausfallzeit hatte mein neuer Chef genug von mir. Zwei Tage vor Heiligabend entließ er mich. Ich war davon überzeugt, dass man diese Situation nicht mehr toppen könne. Ich dachte, ich sei am absoluten Tiefpunkt angekommen. Doch es kam noch heftiger.

Unser früherer Konkurrent erfuhr, dass ich ohne Arbeit war, und unterbreitete mir sofort ein Jobangebot. Ich sollte gleich anfangen. Doch da ich in den vergangenen zwei Monaten sechsmal Angina gehabt hatte, beschloss ich, noch vor dem Stellenantritt die Mandeln entfernen zu lassen. Die Operation war ein Routineeingriff. Alles schien gut. Doch nach zwei Tagen platze eine der Hauptadern in meinem Hals. Ich musste sofort zu einer Notoperation und wäre dabei beinahe verblutet. Jetzt war ich wirklich am Ende. Ich konnte kaum noch tiefer fallen.

In dieser Zeit kümmerte sich ein ehemaliger Kollege um mich. Er war so etwas wie ein Pastor bei den Zeugen Jehovas. Er nahm sich Zeit und investierte in mich. Er erzählte mir sehr viel und brachte mir Bücher aus ihrer Lehre mit. Von diesem Menschen war ich tief beeindruckt. Durch ihn lernte ich mehr über die Zeugen Jehovas und davon, wie sie ihren Glauben umsetzen. Das war krass. Die waren so taff, so überzeugt und so konsequent in ihrer Lehre, dass ich dachte, dort endlich zu finden, wonach ich all die Jahre gesucht hatte. Sie hatten auf einmal so viele Antworten auf Fragen, die ich mir mein Leben lang gestellt hatte. Und ich beschäftigte mich sehr viel mit ihrer Lehre. Ich hatte die Hoffnung, dass ich dort endlich die Kraft bekommen würde, auch in meinem Leben endlich aufzuräumen. Doch meine Sucht wurde ich auch da nicht los. Irgendetwas hielt mich immer zurück, mich ihnen wirklich anzuschließen. Mir ging es immer schlechter.

DIE WENDE

Dann kam einer dieser Tage, die man im Leben nicht mehr vergisst. Ich kann mich noch an jeden Moment erinnern. Ich war wieder mal allein zu Hause und vor dem Computer. Ich sah mich selbst wie eine Marionette vor diesem Monitor sitzen und konnte mich selbst nicht mehr ertragen. Ich lief ins Schlafzimmer. Die Tränen liefen wie ein Strom über mein Gesicht. Ich kniete mich neben unser Bett und betete. Nicht so, wie du dir vielleicht ein Gebet vorstellst. Ich habe geschrien und Gott angefleht: »Gott im Himmel. Hol mich raus aus dem ganzen Mist oder ich werfe dich komplett über Bord. Ich kann diesen Krampf von sogenanntem Christsein nicht mehr länger weiterführen. Ich halte es nicht mehr aus. Entweder die Sucht hört auf oder ich höre auf zu glauben.«

Ich gebe zu, ich weiß noch nicht einmal, ob ich das überhaupt gekonnt hätte. Gott war immer präsent. Es gibt in meinem Leben keinen Augenblick, an dem ich nicht geglaubt hätte, dass er da ist. Aber ich war verzweifelt. – Und Gott hat geantwortet.

Wenn ihr dann zu mir ruft, wenn ihr kommt und zu mir betet, will ich euch erhören. Wenn ihr mich sucht, werdet ihr mich finden. Ja, wenn ihr mich von ganzem Herzen sucht, will ich mich von euch finden lassen. Das verspreche ich euch. Ich werde eurer Gefangenschaft ein Ende machen. (Jeremia 29,12-14)

Manchmal ist das so richtig krass. Ein Gott, der das ganze Universum geschaffen hat, riesig, mächtig, irgendwie unnahbar, beginnt mit einem Menschen zu reden. Ich hatte dafür noch nicht einmal viel getan, außer diesem einen Gebet, und Gott war mir einfach gnädig. Er sprach ganz konkret in mein Leben hinein: »Mein lieber Mike, so geht es nicht mehr weiter. Ich habe dir nicht dein Leben, deine Gaben, deine Bildung und dein Geld gegeben, damit du so einen Bockmist damit baust. Ich will, dass du in Zukunft in andere Dinge investierst!«

2007

Wenn ich sage, dass Gott geredet hat, ist das vielleicht nicht ganz verständlich. Das war keine mystische Stimme aus dem Jenseits. Bei mir war es eine Hörbibel.

Durch meinen Job war ich ja sehr viel im Auto unterwegs. Es kam nicht selten vor, dass ich mir die Zeit während des Fahrens mit Hörbüchern vertrieb. An einem Samstag im März 2007 war ich mit meinem Freund Willi shoppen. Meine Frau war mit den Kindern bei ihrer Schwester und wir konnten einmal so richtiges Männershopping genießen. Männershopping hat nichts mit Schuhen zu tun, sondern eher mit Cappuccino schlürfen und DVDs. Dabei fiel mir eine Hörbibel auf, das Neue Testament in der Übersetzung von Martin Luther, in Szene gelesen. Da war er wieder, der Martin Luther. Ich fand die Idee mit der Hörbibel irgendwie cool, aber viel zu teuer. Ich glaube, ich habe mich noch nie so über den Preis eines Artikels echauffiert wie über diese Bibel.

Das ganze Wochenende ließ mich dieses Ding nicht mehr in Ruhe. Am Montag musste ich beruflich nach Leipzig. Der Preis nervte mich immer noch. Aber ich rief meinen Kunden an und bereitete ihn darauf vor, dass es etwas später würde. Ich fuhr vorher noch einmal in die Stadt, um die Hörbibel zu kaufen.

In dieser Woche stellte Gott mein ganzes Leben auf den Kopf. Ich hörte mir das ganze Neue Testament an und es haute mich um. Ich heulte Rotz und Wasser, weil ich mich so für all die Jahre schämte. Ich hatte Gott in so vielen Dingen und Situationen missbraucht und er liebte mich trotzdem. Er wollte mir vergeben und mich endlich wieder nach Hause holen. Ich war völlig platt.

Auf der Rückfahrt liefen mir immer wieder die Tränen übers Gesicht und ich musste mehrfach anhalten. Auf einem Parkplatz standen einige Menschen neben ihren Autos und ich sah ihnen an, dass sie ziemlich verwundert waren. Ich war die ganze Zeit am Beten. Für sie sah es wohl so aus, als ob ich mit meiner Freisprecheinrichtung reden würde. Aus ihrer Sicht ein sehr einseitiges Gespräch. Für mich allerdings gar nicht. Ich erlaubte Jesus, in alle Bereiche meines Lebens hineinzureden. Da gab es nichts mehr, was ich ihm vorenthalten wollte. Und ich bekam Antworten.

Wie aus dem Nichts hatte ich auf einmal den Namen Steffen Beck im Kopf. Anfangs dachte ich noch, was für ein Quatsch, aber das hörte gar nicht mehr auf. Immer und immer wieder tauchte dieser Name in mir auf. Wir hatten uns über fünfzehn Jahre nicht mehr gesehen und ich wusste nahezu nichts über ihn.

Als ich zu Hause ankam, war ich sehr unfreundlich zu meiner Frau. Mehr als ein kurzes Hallo war nicht drin. Ich ließ sie einfach mit den Kindern stehen und setzte mich an den Computer. Dank Google, einer vagen Erinnerung, in welcher Gegend er wohnen könnte, und dem Gerücht, dass er angeblich eine Kirche gegründet hatte, fand ich Steffen Becks E-Mail-Adresse. Dann geschah etwas Unglaubliches. Ich schrieb eine lange Mail, all das, was mir in den letzten Jahren widerfahren, wie es mir ergangen war.

Innerhalb von fünf Minuten kam eine Antwort zurück, die mich sprachlos machte. Da war so viel Verständnis und Freundlichkeit. Keine Vorwürfe, kein erhobener Zeigefinger. Ich spürte sofort wieder diese Nächstenliebe, die ich damals im Krankenhaus erfahren hatte, und mir wurde mit einem Schlag klar, dass mich Gott damals schon durch Steffen angesprochen hatte und es hier wieder tat.

Wir verabredeten uns für den kommenden Donnerstagmorgen um zehn Uhr zum Weißwurstessen im Bistro seiner Kirche, dem ICF

Karlsruhe. Als ich zur Tür hereinkam, war da ein großer Schriftzug: »Kirche neu erleben.« Ich war angekommen. Vom ersten Augenblick an hatte ich das Gefühl, willkommen und richtig zu sein. Wir redeten und beteten miteinander. Ganz unspektakulär. Ein einfaches, ehrliches, direktes Gebet – und ich erfuhr Heilung. Ich war meine Sucht von einem Moment auf den anderen los. Ich weiß genau, dass das nicht immer so passiert. In den allermeisten Fällen beginnt in diesem Moment ein Prozess mit Höhen und Tiefen. Aber ich bin Gott unendlich dankbar, dass ich es genau so erleben durfte.

In diesem Moment wurde mir etwas deutlich. Gott hatte mein Gebet nie vergessen: »Herr, wenn es dein Wille ist, dann hol mich zurück. Zieh an mir, bis ich in den Vollzeitdienst gehe.« Diese Berufung über mein Leben fiel mir wieder ein. Aber dieses Mal war ich bereit, gehorsam zu sein. Ich wollte nur noch eines, den Willen Gottes für und mit meinem Leben erfüllen.

Wir fuhren dann ein Jahr lang jeden Sonntag nach Karlsruhe in die Celebration, so heißen die Gottesdienste im ICF Movement. Meine Frau und ich arbeiteten in dieser Zeit intensiv mit dem Buch ›Leben mit Vision‹ von Rick Warren. Und Gott gebauchte diese Zeit, um in uns eine Vision zu entfachen.

T.I.R.

Tausende in Reutlingen und Tausende in der Region: Unsere Vision ist es, eine christliche Kirche aufzubauen, die für Menschen wieder greifbar, lebendig und dynamisch ist. Mit einem klaren Ja zum Leben und mit allen Möglichkeiten, die wir in unserer Zeit haben. Ein Gott, der begeistert. Ein Glaube, der ansteckt. Menschen, die faszinieren. Freundschaften, die tragen. Eine Liebe, die echt ist.

Wir haben uns immer nach einer Kirche gesehnt, die lebensnah ist. Eine Kirche, in der jeder sich willkommen fühlt. Eine Kirche, in der Glaube ganz praktisch gelebt wird. In unserer Vision nimmt Kirche durch die Hingabe von Menschen wieder Einfluss auf unsere Gesellschaft. Unser Ziel ist es, durch diese Gemeinschaft Menschen in eine lebendige Beziehung mit Jesus Christus zu führen.

Diese Vision hat dazu geführt, dass wir mit anderen begeisterten Menschen gemeinsam ICF Reutlingen gegründet haben. Bis heute sind wir bereit, alles in unserem Leben in diese Vision zu investieren.

Und damit sind wir wieder beim Investieren angekommen. Vielleicht ist dir aufgefallen, dass sich die Sache mit den Investitionen durch dieses ganze Kapitel zieht. Es gibt Investitionen, die sich lohnen, und solche, die vergeblich sind. Ich denke, für beide Arten von Investitionen findest du einige Beispiel in meinem Lebenslauf. Dabei habe ich mir die Frage gestellt, was eigentlich eine Investition ist.

Nach intensiver Suche in meinen Büchern aus dem BWL-Studium, VWL für Dummys und natürlich Wikipedia habe ich versucht, die kürzeste Definition zusammenzufassen: Eine Investition, im Sinne wirtschaftlichen Handelns, ist der Einsatz von Gütern oder Mitteln mit dem Zweck der Ertragsvermehrung. Ob sie erfolgreich war oder nicht, entscheidet sich daran, ob dauerhaft mehr dabei herauskommt, als man hineininvestiert hat.

Ob dauerhaft mehr heraus kommt, als man hinein investiert hat?! Was geschieht, wenn man sich die Sache mit den Investitionen einmal nicht nur aus der Perspektive dieser Welt und dieses Lebens hier anschaut? Wie sieht es mit den Investitionen unseres Lebens aus der Perspektive Ewigkeit aus?

Warum haben meine Frau und ich uns dazu entschieden, Dinge

wie meine Karriere, Erfolg, Finanzen und Luxus aufzugeben? Anstelle dessen alles, was wir haben und sind, in den Aufbau einer Kirche zu investieren? Das hat mit dem Lied der Toten Hosen zu tun: An Tagen wie diesen wünscht man sich: Unendlichkeit.

In meiner beruflichen Laufbahn habe ich mehrere Autos bekommen, erst ein kleineres, dann ein größeres, dann ein schnelleres, dann ein komfortableres. Aber es blieb jeweils ein Auto, das morgen kaputt oder weg sein kann. Und es konnte nicht mehr als mich von hier nach da zu bringen.

In meiner beruflichen Laufbahn habe ich unterschiedlich viel Geld bekommen. Am Anfang so viel, wie ich benötigte. Auf einmal waren es jeden Monat 300 Euro mehr, als ich brauchte. Für mich als ordentlichen Kaufmann ging das dann jeden Monat aufs Sparbuch. Nach nicht allzu langer Zeit waren es aber 500 Euro und dann 1000 Euro mehr, Monat für Monat. Natürlich erzeugte das ein gutes Gefühl in uns. Der Anschein von Sicherheit. Aber es war einfach nur Geld, das ich am Ende meines Lebens nirgendwohin mitnehmen kann. Ich wünschte mir aber: Unendlichkeit!

Dieses bereits beschriebene, seit meiner Kindheit immer wiederkehrende Gefühl. Ich habe diesen tiefen Wunsch, dass mein Leben einen Sinn hat. Ich sehne mich danach, dass mein Leben eine Bedeutung hat. Ich hoffe, dass es für diese Welt – naja, zumindest für einen Teil davon – einen Unterschied macht, ob ich gelebt habe oder nicht. Es geht dabei nicht um Egoismus, nicht darum, mich ins Rampenlicht zu rücken, obwohl ich das schon mag.

Ich habe mich schon oft gefragt, was sich Gott eigentlich dabei gedacht hat. Warum dieses Gefühl, dieser Wunsch so tief in mir verankert ist. Und ich habe das einzig Sinnvolle getan: ich habe Ihn gefragt! Wenn es stimmt, dass Er der Schöpfer des ganzen Universums ist und Er demnach auch mich gemacht hat, dann kann ich die letzte Antwort auf die Sinnfrage meines Lebens nur bei Ihm erhalten.

In meinem Leben wiederholten sich drei Gebete immer wieder:
1. Ich möchte die Ewigkeit mit Dir verbringen.
2. Ich möchte wissen, was der Sinn meines Lebens ist.
3. Ich möchte, dass mein Leben ein Segen für Tausende wird.

Dabei ist mir erst später aufgefallen, dass meine Gebete ohne die Perspektive Ewigkeit keinen Sinn ergeben.

DIE EWIGKEIT MIT GOTT VERBRINGEN

Wie bereits erwähnt, bin ich christlich aufgewachsen. Ich habe von Kind auf gelernt, wer Gott ist und was es mit dem Glauben auf sich hat. In meiner Laufbahn im Rahmen des CVJM wurden sehr viele Grundlagen des Glaubens in mich hineingelegt. Dafür bin ich heute noch sehr dankbar. Ab einem bestimmten Punkt realisierte ich dann, dass die Frage nach der Ewigkeit etwas Persönliches ist. Es genügt nicht, die Theorie des Glaubens verstanden zu haben. Es bedarf einer persönlichen Stellungnahme gegenüber Jesus. »*Denn Gott hat der Welt seine Liebe dadurch gezeigt, dass er seinen einzigen Sohn für sie hergab, damit jeder, der an ihn glaubt, das ewige Leben hat und nicht verloren geht.*« (Johannes 3,16)

Diese Bibelstelle bringt es ganz zentral auf den Punkt: Wenn ich an Jesus glaube, gehe ich nicht verloren und habe das ewige Leben. Diese Entscheidung, an Jesus Christus, den Sohn Gottes, zu glauben, hatte ich getroffen. Aber damit war ich noch nicht fertig.

Für mich hieß Christsein immer: Ich habe durch Jesus das Ticket für den Himmel und jetzt muss ich mich ordentlich benehmen, damit ich es nicht wieder verliere. Ganz nach dem Motto: Wenn der Papa im Himmel richtig sauer ist, nimmt er mir das Ticket wieder weg. Damit war meine Perspektive Ewigkeit immer von einem Teil Furcht begleitet. Es gab da immer so eine latente Restangst in mir, dass ich die Sache mit dem Ticket auch wieder vermasseln könnte. Diese angstmotivierte Haltung bestand über viele Jahre in mir. Bis ich eines Tages auf einen anderen Vers in der Bibel stieß:

Seid darum ohne Furcht! … Wer sich vor den Menschen zu mir bekennt, zu dem werde auch ich mich vor meinem Vater im Himmel bekennen. (Matthäus 10,31-32)

Gott forderte mich hier auf, meine Angst abzulegen. Theologen sprechen in diesem Zusammenhang von Heilsgewissheit. Also davon, dass wir uns sicher sein dürfen, die Ewigkeit mit unserem Vater zu verbringen.

Was bedeuten diese zwei Bibelstellen jetzt ganz konkret in Bezug auf mein Gebet? Es bleibt dabei: Wer an Jesus glaubt, geht nicht verloren und hat das ewige Leben. Die Frage ist: Was heißt es, an Jesus zu glauben? Ich habe das Gefühl, hier liegt für extrem viele Menschen der entscheidende Punkt.

An Jesus Christus glauben heißt nicht, etwas für wahr halten. Es geht nicht darum, historisch zu erforschen, ob der Zimmermannssohn Jesus von Nazareth wirklich gelebt hat. Ob er wirklich gewandert ist, gepredigt hat und gekreuzigt wurde. Es gibt kaum eine historische Tatsache, die sowohl durch die Bibel selbst als auch durch außerbiblische Schriften besser belegt wäre. Es geht nicht um die historische Echtheit des Lebens von Jesus. Kein ernstzunehmender Historiker würde daran noch zweifeln.

Glauben heißt vertrauen und Vertrauen hat Konsequenzen! Ich möchte das an einem einfachen Beispiel verdeutlichen. Stell dir bitte vor, ein blinder Mensch steht auf einem Balken. So eine Art Schwebebalken, wie du ihn vielleicht noch aus dem Sportunterricht kennst. Er steht nun auf diesem Balken und hält die Hand eines Menschen, der sehen kann. Das Ziel ist es, diesen Balken zu überqueren. Jetzt kann dieser blinde Mann hundertmal sagen: »Ich glaube an dich. Du bist der beste Begleiter, den man sich wünschen kann. Ich glaube, dass du mich sicher über den Balken bringst.« Ob dieser Mensch glaubt oder nicht, beweist sich: bei jedem einzelnen Schritt!

Ich vertraue, dass ich meine Ewigkeit mit Gott verbringen werde, weil ich an Jesus glaube. Ich zeige, dass ich das wirklich glaube, indem ich Schritte mit ihm gehe!

WAS IST DER SINN *MEINES* LEBENS?

Philosophen fragen nach dem Sinn des Lebens. In der Oberstufe der Schule und auch während meines Studiums habe ich mich viel mit den verschiedensten Philosophen und ihren Lehren beschäftigt. Auf der Suche nach dem Sinn meines Lebens brachten sie mich allerdings keinen Schritt weiter. Da gab es nämlich ein kleines Problem. Wie gleichgültig ist der allgemeine Sinn für das Leben, wenn er dich nicht betrifft! Wenn er nicht *deinem* Leben einen Sinn gibt. Es geht doch so gut wie keinem darum, einen allgemeingültigen Sinn des Lebens zu entdecken.

Bei der Suche nach dem Sinn des Lebens geht es doch vielmehr um die ganz praktischen Momente unseres Lebens. Wenn du zum Beispiel am Montagmorgen deinen Wecker erschlagen willst, weil du keine Motivation zum Aufstehen hast, dann fragst du dich eventuell: Warum lebe ich? Warum sollte ich morgens aufstehen? Warum sollte ich in meinem Leben in etwas investieren?

Eine Investition hat den Sinn, dass nachher mehr dabei rauskommt, als ich reingesteckt habe. Auto, Haus, Luxus, … da steckst du sehr viel rein und am Ende ist es irgendwann kaputt. Das ist logisch. Auto, Haus, Luxus, … da steckst du sehr viel rein und am Ende bleibst du dennoch leer. Diese Dinge erfüllen dich nicht wirklich. Das ist psycho-logisch.

Der Sinn deines Lebens ist nicht nur, dass du gerettet wirst. Sonst würde dich Gott in dem Moment deiner Bekehrung von dieser Erde wegbeamen. Das ist theo-logisch.

Was ist dann der Sinn meines Lebens? *Denn was wir sind, ist Gottes Werk; er hat uns durch Jesus Christus dazu geschaffen, das zu tun, was gut und richtig ist. Gott hat alles, was wir tun sollen, vorbereitet; an uns ist es nun, das Vorbereitete auszuführen.* (Brief an die Epheser 2,10)

Der Sinn meines Lebens besteht darin, das auszuführen, was sich Gott bereits vor meinem Leben mit mir gedacht hat. Aus dem, was sich Gott für mein Leben gedacht hat, erwächst ein Auftrag und in der Erfüllung dieses Auftrages erlebe ich den Sinn meines Daseins. Mit dieser Erkenntnis weißt du auf einmal, warum du morgens aufstehst. Das gibt deinem Leben einen dauerhaften Sinn und nicht nur einen kurzen Motivationsschub.

Nun glaube ich, dass es zwei Ebenen dieses Auftrages an uns gibt. Auf der einen Ebene geht es um das, was ganz speziell nur für dich gedacht ist, zum Beispiel am Dienstagmorgen um 7:29 Uhr der älteren Dame über die Straße zu helfen. Das ist dein Auftrag, weil nur du zu diesem Zeitpunkt bei dieser Dame bist und wenn du diesen speziellen Auftrag nicht ausführst, es keiner macht. Auf der zweiten Ebene geht es um unsere generellen Aufträge, die Gott für uns alle vorgesehen hat und jeder auf seine individuelle Weise ausführen soll. Über diese Ebene hat Rick Warren in seinen zwei Büchern ›Kirche mit Vision‹ und ›Leben mit Vision‹ sehr viel geschrieben. Ich möchte hier gerne seine Zusammenfassung anführen: Unser Auftrag ist es, uns ins Gottes Reich zu investieren. Das bedeutet:

- Ich soll Gott anbeten! (Lobpreis)
- Ich soll für die Menschen da sein! (Dienst)
- Ich soll mit anderen Menschen zusammen sein! (Gemeinschaft)
- Ich soll danach streben, dass mein Charakter Jesus immer ähnlicher wird! (Jüngerschaft)
- Ich soll andere Menschen auf Jesus aufmerksam machen! (Evangelisation)

MEIN LEBEN EIN SEGEN FÜR TAUSENDE

Ich habe erst sehr viel später gemerkt, dass mein drittes Gebet ganz unmittelbar mit dem fünften dieser Aufträge zusammenhängt. Evangelisation meint, Menschen eine gute Nachricht weiterzugeben. Mir war es immer wichtig, dass mein Leben eine Bedeutung für die Ewigkeit hat. Und das, was ich für mich möchte, möchte ich auch für dich: *Auch für dein Leben gibt es eine Perspektive Ewigkeit!*

Ich möchte, dass du weißt, wie du die Ewigkeit mit Gott verbringen kannst. Genauso wünsche ich mir, dass du den Sinn deines Lebens entdeckst.

Am Ende dieses Kapitels möchte ich dich zu einer Entscheidung herausfordern. Möglicherweise hat dir jemand dieses Buch einfach geschenkt, ohne dich vorher zu fragen. Vielleicht hast du es dir auch gekauft und hattest keine Ahnung, was da auf dich zukommt. Wie auch immer, du hast es bis hierher geschafft.

Möglicherweise hast du mit diesem von mir beschriebenen Jesus und Gott noch gar nichts zu tun. Vielleicht bist du dir noch nicht einmal sicher, ob es ihn überhaupt gibt. Wie wäre es, wenn du ein kleines Risiko eingehst? Du kannst das Buch jetzt einfach mal zur Seite legen und anfangen, mit ihm zu reden! Auch wenn es sich zunächst komisch anfühlt, du sprichst nicht ins Leere und auch nicht mit einer toten Wand. Da ist ein lebendiger Gott, der dir zuhört. Du kannst Ihm deine Lebensfragen stellen – und schau doch mal, ob Er dir nicht antwortet.

Vielleicht geht es dir aber ganz anders. Du hast schon viel über Jesus gehört und bist in dem Stadium: »Ich halte es für wahr.« Dann möchte ich dich einladen, einen Schritt weiter zu gehen. Jesus lädt dich ein, dass du eine Gewissheit in deinem Leben bekommst. Du könntest anfangen, nicht nur daran zu glauben, dass es ihn gab, sondern ihm zu vertrauen. Frag ihn doch einmal, welche konkreten Schritte er in deinem Leben mit dir gehen möchte.

Möglicherweise bist du bereits diese Schritte in deinem Leben gegangen. Du bist mit Jesus unterwegs und vertraust ihm. Dann möchte ich dich zu einem der spannendsten Gebete überhaupt einladen: »Herr, mache mich zu einem Segen für Andere!« Du darfst gespannt sein, wie Gott dieses Gebet beantwortet.

DIE BIG BANG THEORIE
ODER: WER HAT'S ERFUNDEN?

Ich liebe Comedy-Serien. Dabei geht es meistens um Menschen, Liebe, Beziehungen und Freundschaften. Am liebsten mag ich es, wenn es den Machern der Serie gelingt, tiefe und ernste Themen unseres Alltags aufzugreifen, ohne sich selbst dabei zu ernst zu nehmen. Oder sie nehmen sich so ernst, dass gerade darin der Witz liegt.

Ein besonderes Prachtexemplar dieser sich zu ernst nehmenden Menschen finden wir in Dr. Dr. Sheldon Lee Cooper aus der Serie: ›The Big Bang Theory‹, einer Serie von Chuck Lorry und Bill Prady. Sheldon (gespielt von Jim Parsons) ist theoretischer Physiker. Er gilt als hochbegabt, sein Intelligenzquotient wird mit 187 nach der Cattell-Skala angegeben. In der Schule überspringt er einige Klassen, wodurch er das College an der University of Texas in Austin bereits im Alter von 14 Jahren summa cum laude abschließt. Mit 16 erlangt er seinen ersten Doktortitel.

So intelligent Sheldon in wissenschaftlichen Dingen auch sein mag, so inkompetent ist er in sozialer Hinsicht. Das ganze Universum dreht sich nur um ihn. Er ist so von sich und seinen Ansichten überzeugt, dass er seine Mitmenschen entweder ignoriert oder sie noch nicht einmal wahrnimmt.

Warner Brothers Television ist mit dieser Serie einer der größten Erfolge in der gesamten TV-Geschichte gelungen und dieser Erfolg ist kein Zufall. Schon Aristoteles beschreibt 335 v. Chr. in seinem Werk ›Poetik‹ den Erfolg von Unterhaltung. Er erklärt, dass wir Menschen auf Unterhaltung vor allem dann reagieren, wenn wir unsere tatsächlich existierende Wirklichkeit auf der Bühne widergespiegelt bekommen. Der künstliche Rahmen erlaubt uns, über die eigentliche Realität zu lachen.

Ich habe das Gefühl, genau das passiert in ›The Big Bang Theory‹ zwischen Sheldon und Penny. Während Sheldon den hochbegabten Wissenschaftler gibt und am liebsten auf sämtliche Gefühle und Genüsse verzichten würde, stellt Penny Hofstätter, die hübsche Nachbarin, genau das Gegenteil dar. Die erfolglose Schauspielerin versteht sich hervorragend darauf, sich den Genüssen des Lebens in jeglicher Form hinzugeben. Zu einem Schulabschluss hat sie es nicht gebracht, dafür brilliert sie aber mit einer extremen sozialen Intelligenz. Sie hat ein tiefes Mitgefühl für ihre Mitmenschen und ist in der Lage, sich in ihre Situationen hineinzuversetzen.

In diesen beiden Personen prallen die zwei Gesichter unserer Gesellschaft frontal aufeinander. Wir leben in einer aufgeklärten, hochentwickelten Welt, in der für viele Menschen die Wissenschaft zur alleingültigen Quelle aller Erkenntnis geworden ist. Ihre These ist: Es existiert nur, was bewiesen, berechnet und nachgestellt werden kann. Dagegen steht ein ebenso großer Anteil an hochemotionalen, spirituellen Menschen. Sie suchen die Wahrheit und den Ursprung des Lebens in geistlichen, spirituellen Bereichen und verlassen sich lieber auf ihr Gefühl als auf Zahlen, Daten, Fakten.

Wenn sich nun beide Seiten extrem ernst nehmen und den jeweils anderen in Frage stellen, entstehen entweder Konflikte oder Humor.

Das haben Chuck Lorry und Bill Prady verstanden und sehr erfolgreich umgesetzt.

WARUM GLAUBEN MENSCHEN NICHT AN GOTT?

Im Rahmen des Leitungskongresses von Willow Creek Deutschland, der im Januar 2012 in Stuttgart stattfand, führte die Organisation Pro Christ (Kassel) eine interessante Umfrage durch. Besucher, nach eigenen Angaben Christen, konnten aus einer Liste von dreißig vorgegebenen Gründen drei auswählen, warum ihrer Meinung nach Menschen nicht glauben. Die möglichen Motive waren zuvor bei Straßeninterviews unter Nichtchristen in Kassel erkundet worden. Das Ergebnis war sehr erstaunlich (Quelle: idea spektrum, Kassel).

Warum also glauben Menschen nicht an Gott? Als häufigster Grund wurde angegeben: Not und Leid. Hier lagen Christen und Nichtchristen noch einigermaßen nah beieinander. Die Christen schätzten, das sei für 14 Prozent der Nichtchristen ein Grund. Tatsächlich waren es sogar 22 Prozent.

Der zweithäufigste Grund: Die Wissenschaft erklärt schon alles. Hier lagen die Christen noch weiter daneben. Sie hatten eine völlig falsche Vorstellung. Sie schätzten, dass sich 1,4 Prozent der Nichtchristen auf dieses Argument berufen würden. Tatsächlich waren es aber 13,2 Prozent.

Das ist der zweithäufigste Grund, warum Menschen nicht an Gott glauben! Darüber bin ich gestolpert. Ich dachte, der Streit zwischen Glaube und Wissenschaft sei im Laufe der 1990er Jahre weitestgehend beigelegt worden. Aufgrund der Umfrage stellte ich mir nun die Frage: Erscheint der Konflikt als beigelegt, weil Christen eventuell einfach aufgehört haben, auf die Argumente der Menschen einzugehen?

WISSENSCHAFT VS. GLAUBE

Das eigentliche Problem des 21. Jahrhunderts liegt wohl nicht so sehr in der direkten Konfrontation ›Wissenschaft oder Glaube‹. Die Frage ist vielmehr: Wo sind die jeweiligen Grenzen? Was kann die Wissenschaft und was kann der Glaube beantworten?

Prof. Dr. Thomas Schimmel lehrt als Professor an der Universität Karlsruhe am Institut für Technologie (KIT). Er ist Initiator und Sprecher des Forschungsnetzwerks ›Funktionelle Nanostrukturen‹ und Mitbegründer des Instituts für Nanotechnologie. Für seine Forschungsergebnisse wurde er wiederholt mit Preisen ausgezeichnet.

Im November 2007 hielt Schimmel eine Predigt im ICF Karlsruhe zum Thema ›Glaube und Urknall‹. In dieser Predigt berichtet er von Erklärungen einiger wissenschaftlicher Kollegen. Deren Meinung nach kann der Zusammenhang von Wissenschaft und Glaube folgendermaßen zusammengefasst werden: Die Wissenschaft kann vieles erklären, aber nicht komplett zusammenhängend, da bleiben Lücken. »Die Summe der Lücken in unserem Wissen ist Gott!«

Im Folgenden widerlegt er die These seiner Kollegen. Wenn es wirklich so wäre, dass Gott sich in den Lücken unseres Wissens verbirgt, dann würde die Wissenschaft mit jeder Entdeckung, die sie macht, ein Stückchen Gott verdrängen. Mit jedem Wachstum unseres Wissens würde Gott kleiner. Umgekehrt würden sich dann jedes Mal die Theologen freuen, wenn man feststellt, dass die Wissenschaft falsch lag und das Stück Gott wieder da ist. Ein blödes Spiel intellektueller Persönlichkeiten. Dieses Spiel wurde allerdings in den letzten 500 Jahren an den Universitäten und Kirchen unserer westlichen Welt genau so gespielt. Die Geschichtsbücher sind voll von Spielberichten beider Seiten. Selbst heute noch finden wir sehr populäre Auswüchse dieses Gedankenspiels. Eine Seite wird zum Beispiel durch Dan Brown, Richard Dawkins und Stephen Hawking vertreten. Die Gegenseite wird von zahlreichen Vertretern des Kreationismus getragen.

In der Mitte der 90er Jahre studierte ich selbst zwei Semester Biologie an der Universität in Tübingen. Da gab es bei den Studenten eine sehr gängige Meinung: Wir brauchen einfach mehr Toleranz! Mit Toleranz war gemeint, einfach alles stehen zu lassen. Der eine lässt den anderen stehen. Alles ist gültig. Hauptsache wir gehen dann abends miteinander auf die Studentenparty: Hyper, hyper!

Toleranz meint aber: Es gibt ein genaues Maß, das ist richtig. Darüber hinaus gibt es eine Bandbreite, wie weit man von diesem Maß entfernt sein darf, um immer noch akzeptiert zu werden. Das gilt für technische Maße wie auch für moralische Diskussionen.

Für unsere beiden Felder Glaube und Wissenschaft bedeutet Toleranz ausleben demnach: Man muss zuerst festlegen, was der eine kann und was nicht. Danach schaut man gemeinsam, wie weit man beim Anderen reinreden darf, im Rahmen der Toleranz.

PERSPEKTIVE EWIGKEIT!

Im vorherigen Kapitel habe ich einiges über mich persönlich und meine Perspektive auf die Ewigkeit erzählt. Ich möchte an dieser Stelle gern einen kleinen Perspektivwechsel vornehmen. Einer meiner Ausgangsfragen war es ja, aus welcher Perspektive ich auf die Ewigkeit blicke. Dabei ist für mich eine der zentralsten Fragen, was die Bibel zur Ewigkeit sagt, wie sie zu diesen Aussagen kommt und was das mit uns und unserer persönlichen Perspektive zu tun hat.

Ich denke, dass die Bibel sich selbst nicht als ein Handbuch fürs Leben sieht. Auch wenn einige Christen das so sagen mögen. Sie ist keine Betriebsanleitung, bei der ich im Tutorial nach einem Stichwort suche und dann unter den angegebenen Bibelstellen die entsprechende Handlungsanweisung finde. Die Bibel ist vielmehr ein Erfahrungsbericht: geschrieben von Menschen, die mit Gott gelebt haben und darüber berichten, wie sie diesen Gott erfahren haben.

Dabei ist die Bibel eigentlich überhaupt kein Buch. Im Grunde genommen ist sie eine Bibliothek, bestehend aus 66 Büchern. 39 davon stehen im Alten Testament (AT) und 27 im Neuen Testament (NT). Einige sind wirklich als Bücher verfasst, zum Beispiel die Geschichtsbücher, die Chroniken. Andere sind Briefe. Einige sind sehr allgemeingültig für eine breite Leserschaft geschrieben, andere wiederum ganz persönlich an eine bestimmte, begrenzte Gruppe gerichtet. So vielfältig diese Bibliothek auch ist, sie beginnt relativ simpel: Mit dem Anfang!

»Im Anfang schuf Gott Himmel und Erde.« (1. Mose 1,1)

Hier heißt es übrigens nicht »*am* Anfang«, sondern: »*im* Anfang«. Damit ist der allererste Satz der Bibel bereits eine Glaubens- *und* eine wissenschaftliche Aussage. Es geht nicht um den Gegensatz - oder, sondern um das Verbindende – und.

Ich denke, die jeweiligen Grenzen von Wissenschaft und Bibel treffen bei einer Frage ganz zentral aufeinander ...

EVOLUTION ODER SCHÖPFUNG?

In der Naturwissenschaft ist es normal, dass man exakt arbeitet. Da könnten die Geisteswissenschaften manchmal noch ein bisschen zulegen. Um also an dieser Stelle ganz exakt zu sein: Es geht nicht um die Antwort auf die Frage ›Evolution oder Schöpfung?‹, sondern um die jeweiligen Grenzen, und das muss man präzisieren.

Die Naturwissenschaften durchliefen in Europa eine sehr interessante Entwicklung. Ihr Fundament hatten sie in der Bibel. Ausgehend vom griechischen Philosophen Aristoteles legte die Wissenschaft den Hauptschwerpunkt immer auf logisches Denken. Unsere Logik erklärt die Zusammenhänge der Wirklichkeit. Aristoteles' Logik in der Bereichen der Physik wurde später als vollkommen bezeichnet. Die Beobachtung der Realität wurde der Logik untergeordnet. Wenn demnach eine Beobachtung oder gar Messung in der Realität der Logik wiedersprach, musste die Messung falsch sein. Diese Haltung herrschte über Jahrhunderte.

Erst Galileo Galilei (1564–1642) hatte den Mut, an dieser heiligen Kuh der Wissenschaft zu rütteln. Mit seinen Schwerkraftversuchen vom schiefen Turm von Pisa bewies er als Erster, dass Aristoteles falsch lag. Vordenker für Galilei waren Theologen, wie zum Beispiel Johannes Calvin (1509–1564).

Ausgehend von der Erkenntnis aus 1. Mose 1,1, dass Gott, der Schöpfer des gesamten Universums, vor allem anderen bereits existiert hat, schlossen sie, dass Gott demnach auch vor der menschlichen Logik bereits existierte. Demnach war Gott nicht auf unsere Logik angewiesen, sondern wir auf ihn. In seinem Werk ›Unterricht in der christlichen Religion‹ stellt Calvin fest, dass alle unsere Erkenntnis über uns selbst in Abhängigkeit von der Erkenntnis Gottes steht. Weil der Mensch nach dem Bilde Gottes geschaffen sei, könnten wir den Menschen nicht verstehen, ohne zuvor Gott zu verstehen.

Im aufkeimenden Humanismus verabschiedeten sich viele der Philosophen und Autoren mehr und mehr von Gott. Der Mensch

(»human«) geriet in den Mittelpunkt. So begann Alexander Pope (1688–1744), der Grundhaltung Calvins zu widersprechen. Er sagte, wenn Gott als transzendentes Wesen nicht zu verstehen ist, dann könnten wir nicht bei Gott suchen, um den Mensch zu verstehen. Wir müssten den Mensch erforschen, um den Mensch zu verstehen.

Charles Darwin trieb diesen Gedanken noch weiter. Er ging einfach den nächsten Schritt weg von Gott und stellte die Theorie auf, der Mensch sei eine Weiterentwicklung der Tiere. Die Gesamtevolution war eine *Theorie* Darwins. Diese Theorie wurde von einigen Wissenschaftlern frecherweise zu einer Lehre gemacht und auch so benannt. Heute stellen viele Wissenschaftsvertreter diese Evolutionslehre als eine alternativlose Tatsache dar. Doch sie bleibt eine von einem Menschen erdachte Theorie, nicht mehr und nicht weniger.

Die Gesamtevolution meint ganz simpel und kurz ausgedrückt: Es ist irgendwann etwas entstanden (Materie). Aus diesem Etwas hat sich dann etwas Anderes entwickelt. In Bezug auf das Leben: Aus einer lebensfähigen Zelle ist irgendwann der Mensch entstanden. Der entscheidende Faktor, ob sich eine Veränderung durchsetzt, ist die Überlebensfähigkeit. Darwin prägte hier den Slogan »survival of the fittest«.

Demgegenüber steht der Schöpfungsgedanke der Bibel: Ein Schöpfer hat einen kreativen Moment. Er hat einen Plan und kreiert, also erschafft etwas. Das, was er erschaffen hat, kann dann in seinen jeweiligen Abstufungen ähnlich aussehen. Der entscheidende Faktor, ob sich eine Veränderung durchsetzt, ist die Zustimmung des Schöpfers. Oder mit den Worten der Bibel: *»Dann betrachtete Gott alles, was er geschaffen hatte, und es war sehr gut!«* (1. Mose 1,31)

Bleiben wir zunächst noch einmal bei der Evolution. In Zusammenhang mit der Evolutionstheorie steht der Gedanke des Urknalls, die ›Big Bang Theory‹. Der Begründer der Urknall-Theorie war der Theologe und Physiker George Lemaître (1894–1966). Natürlich gibt es für diese Theorie eine wissenschaftliche, hochkomplizierte Definition. Ich bin aber ein eher einfacher Mensch und benötige für solche komplexen Dinge einfache Erklärungen.

Extrem vereinfacht ausgedrückt erklärt sich die Urknall-Theorie folgendermaßen: Unser Universum dehnt sich aus. Das haben zahlreiche Wissenschaftler unabhängig voneinander entdeckt, gemessen und bestätigt; man kann hier von einer Tatsache ausgehen. Dass sich das Universum ausdehnt lässt sich übrigens ganz praktisch nachprüfen: Im Laufe dieser Ausdehnung hat sich eine Mikrowellenstrahlung gebildet, die kosmische Hintergrundstrahlung. Sie ist überall im gesamten Universum zu finden und kann im Bildrauschen des Fernsehers im Wohnzimmer beobachtet werden (falls du noch einen funktionierenden Fernseher mit einer Bildröhre hast).

Die Ausdehnung des Universums kann man berechnen. Dadurch kann man die Rechnung auch umdrehen und zurückrechnen. Diese Rechnung ist endlich: Man kommt auf einen Anfangspunkt, den Urknall. Vorausgesetzt, die heute anerkannten physikalischen Grundlagen und Gesetze haben immer schon gegolten, passierte dieser Urknall vor etwa 13,7 Milliarden Jahren. In diesem Moment war das ganze Universum in einem Pünktchen in der Größe eines Atomkerns.

Wo liegt nun die Grenze dieser Theorie? Dazu möchte ich gerne noch einmal Professor Dr. Thomas Schimmel zitieren: »Am Anfang war nichts und plötzlich ist es explodiert« (Predigt vom November 2007, ICF Karlsruhe). Mal ganz unabhängig von der Frage, was da explodiert ist: In diesem Anfang, das sagt die Bibel und die moderne Wissenschaft, steckt das gesamte Universum inklusive aller Gesetzmäßigkeiten! In diesem Pünktchen. Wie kommt das da rein? Wer hat diese Gesetze festgelegt? Wer ist der Gesetzgeber? Die Naturwissenschaft geht heute davon aus, dass es vor diesem Pünktchen auch die Gesetze nicht gab: Diesen Zustand nennt die Wissenschaft eine Singularität. Eine Einzigartigkeit!

Die Evolutionstheorie besagt nun, von diesem Zeitpunkt an hat sich alles durch Zufall und aufgrund der Logik, dass das Geeignetere überlebt, entwickelt.

Ich gehe davon aus, dass man im Jahr 2016 kein renommierter Wissenschaftler sein muss, um zu wissen, dass die Babys nicht vom Klapperstorch gebracht werden. Da sind zwei Zellen, die miteinander verschmelzen. Es kommt zu einer Teilung dieser Zelle. Immer und immer wieder. Am Ende kommt ein schreiendes Baby heraus und nach ein paar Jahren sitzt ein zwei Meter großer Kerl an seinem Computer und schreibt dieses Buch. Das alles war von Anfang an in dem ersten Zellstadium schon angelegt.

Ich empfehle dir, mal auf Youtube nach den Begriffen ›Wunder des Lebens‹ und ›Entstehung von Leben‹ zu suchen. Es ist so unglaublich faszinierend, diesen Prozess anzuschauen, dass mir jedes Mal der Atem stockt. Kannst du dir wirklich vorstellen, dass das alles durch Zufall entstanden ist?

DIE SCHÖPFUNGSTHEORIE

Der Gedanke der Schöpfung basiert im Gegensatz zur Evolution nicht auf der Theorie einzelner Wissenschaftler. Er basiert auf einem Bericht. Zu finden im 1. Buch Mose, Kapitel 1. Interessanterweise widerspricht dieser Bericht nicht den aktuellsten biologischen Ansichten von den sogenannten Mikroevolutionen. *»Und die Erde*

brachte Gras hervor, Kraut, das Samen hervorbringt nach seiner Art,
und Bäume, die Früchte tragen, in denen ihr Same ist nach ihrer Art.
Und Gott sah, dass es gut war.« (1. Mose 1,12)

Auch hier wird von einer Entwicklung in den einzelnen Bereichen gesprochen. Aus dem Gras gehen Kraut und schließlich Bäume hervor, eine logische Teilentwicklung innerhalb der Schöpfung. Betrachtet man einmal mit einem Dopplersonographen erstellte Aufnahmen des Menschen während der Embryonalphase, sieht man sehr viele Ähnlichkeiten zu verschiedenen Entwicklungsstufen und deren Weiterentwicklung. Ja, so ein Embryo sieht teilweise wirklich aus wie eine Kaulquappe. Ebenso liegt der Schöpfungsbericht erstaunlich detailliert und nah an dem Ablauf, wie ihn die Evolutionstheorie beschreibt.

Um fair zu bleiben, sollten wir hier dieselbe Frage stellen wie bei der Evolution: Wo ist die Grenze der Schöpfungstheorie? Da wäre zunächst einmal die Sprache. Der Schöpfungsbericht der Bibel ist mittlerweile sehr alt. Über das genaue Alter ist sich die Wissenschaft noch nicht einig. Definitiv fehlen dem Bericht aber sämtliche Ausdrucksweisen der aktuellen Forschung. Unter Zuhilfenahme dieser Begriffe würde der Bericht vermutlich komplett anders klingen.

Eine weitere Grenze der Schöpfungstheorie ist der Stand der Kenntnis. Durch Forschung und Wissenschaft hat man mittlerweile so viele Details entdeckt, die zum Zeitpunkt des Verfassens nicht bekannt waren. Allerdings erzeugt Kenntnis nicht automatisch Erkenntnis. Wir kennen viele Details der Schöpfung, aber was sagen diese aus?

Kommen wir zum spannendsten Punkt: Die Intention. Hier spiegelt sich deutlich die Einstellung meiner damaligen Kommilitonen wider: Die Wissenschaft beantworte das ›Wie‹ und der Glaube das

›Wer‹. Eine schnelle Antwort auf eine komplizierte Frage – und dann machten sie sich auf den Weg zur nächsten Party.

Aber eben genau das stimmt nicht! So harmlos ist der Konflikt zwischen Schöpfung und Evolution nicht. Der Schöpfungsgedanke ist das Bekenntnis, dass alles Existierende aus Gottes kreativem Wesen entspringt und nur in der Gemeinschaft mit Ihm seinen Sinn erfüllt. Hier entsteht wirklich der Konflikt: Schöpfung vs. Evolution. Denn die Evolutionstheorie ist der Versuch, alles Existierende von Gottes kreativer Schaffenskraft loszulösen. An ihrem Ende steht die Unabhängigkeit von Gott und die Abhängigkeit vom Zufall, bzw. dem Stärkeren. Die Evolution beantwortet nicht nur das Wie. Sie sagt auch, wer: der Zufall und der Stärkste.

Auch die Bibel sagt nicht nur, wer. Sie sagt auch etwas über das Wie: »*Im Anfang schuf Gott den Himmel und die Erde. Und die Erde war wüst und leer, und Finsternis war über der Tiefe; und der Geist Gottes schwebte über dem Wasser. Und Gott sprach: Es werde Licht! Und es wurde Licht.*« (1. Mose 1,1-3)

Im Originaltext der Bibel steht hier ein lustiges Wort. Es herrschte Tohuwabohu, was so viel heißt wie Chaos, Durcheinander. Die Wissenschaft nennt diesen Zustand: Singularität. Die Naturgesetze hatten noch keine Gültigkeit.

Der Glaube sagt tatsächlich eine ganze Menge über das Wie: Wie hat Gott geschaffen? Im Anfang hat Gott alles gemacht. Inklusive der Naturgesetze und allem, was jemals werden wird. Da wird es evolutionäre Momente geben: Das eine wird aus dem anderen hervorgehen. Und es wird Schöpfungsmomente geben.

Auch wenn ich morgens im Spiegel manchmal so aussehe: Dass ich kein Gorilla, sondern ein Mensch bin, ist kein Zufall, sondern weil Gott es so wollte. Die Tatsache, dass aus zwei miteinander verschmelzenden Zellen ein zwei Meter großer Mensch wurde und ich heute reden, sitzen und schreiben kann, verdanke ich nicht der These »survival of the fittest«, sondern der Tatsache, dass Gott gesagt hat: Es ist gut! Ich bin gut!

Interessanterweise spricht die Bibel aber auch von einer Art Urknall: *»Die Schlange war listiger als alle anderen Tiere, die Gott, der Herr, gemacht hatte. ›Hat Gott wirklich gesagt, dass ihr von keinem Baum die Früchte essen dürft?‹, fragte sie die Frau. ›Natürlich dürfen wir‹, antwortete die Frau, ›nur von dem Baum in der Mitte des Gartens nicht. Gott hat gesagt: ‚Esst nicht von seinen Früchten, ja - berührt sie nicht einmal, sonst müsst ihr sterben!'‹ ›Unsinn! Ihr werdet nicht sterben‹, widersprach die Schlange, ›aber Gott weiß: Wenn ihr davon esst, werden eure Augen geöffnet – ihr werdet sein wie Gott und wissen, was Gut und Böse ist.‹ Die Frau schaute den Baum an. Er sah schön aus! Seine Früchte wirkten verlockend, und klug würde sie davon werden! Sie pflückte eine Frucht, biss hinein und reichte sie ihrem Mann, und auch er aß davon. Plötzlich gingen beiden die Augen auf, und ihnen wurde bewusst, dass sie nackt waren. Hastig flochten sie Feigenblätter zusammen und machten sich einen Lendenschurz.«* (1. Mose 3,1-7)

Der Mensch verfehlt das Ziel seines Daseins. Er entscheidet sich, gegen Gottes Gebot zu verstoßen. Er wählt die Unabhängigkeit von Gott. Dieses Verfehlen des Ziels nennt die Bibel Sünde. Das Ziel unseres Lebens wird verfehlt. Genau darin steckt unser Urdilemma, die Ursünde des Menschen, *das* ist unser Urknall!

Als der Mensch den kreativen Urzustand verlässt, beginnt die Sünde, Wirkung zu zeigen. Die Ordnung der gesamten Schöpfung gerät durcheinander. Das Universum zerfällt wieder hin zum Tohuwabohu. Die Bibel erklärt hier etwas, dass die Wissenschaft inklusive der Teildisziplin Medizin erst ganz langsam zu begreifen beginnt:

Seit der Ursünde hat das ganze Universum eine Dynamik bekommen, die Dynamik, zu zerfallen.

Der Teufel, die Schlange, der Satan hat auch den Namen Diabolos. Das heißt so viel wie ›der Durcheinanderbringer‹. Durch die Entscheidung des Menschen hat der Diabolus Einfluss auf die Schöpfung bekommen. Die Ordnungen, die Gesetze, die der Schöpfer aufgestellt hat, werden durcheinandergebracht. Auch unser Denken und unsere Psyche werden durcheinandergebracht. Und die Bibel beschreibt, dass dieser Prozess des Durcheinanders bis zum endgültigen Ende dieses Universums zunehmen wird. Die umfassende, schöpferische Ordnung Gottes wird erst in dem Moment, wenn Jesus Christus wieder auf diese Erde zurückkommt, völlig wiederhergestellt werden.

Ich sage das wissenschaftlich, empirisch untermauert oder schlicht prophetisch, was immer dir besser gefällt: Unsere psychischen Krankheiten, unsere Abartigkeiten im Umgang miteinander, das Chaos in Wetter und Natur, im Großen wie im Kleinen, werden solange zunehmen, wie wir Menschen versuchen, unabhängig von Gott zu bleiben!

Denn darin liegt der Schlüssel unseres Daseins. Die Frage, ob Evolution oder Schöpfergott, ist nicht belanglos. Sie ist die Big-Bang-Frage des Lebens. Wenn es einen Schöpfer gibt, dann hat das Konsequenzen für alle Bereiche. Wenn dieser Gott alles gemacht hat, dann hat er auch alle Rechte, darüber zu entscheiden, was Leben ist, wie Leben funktioniert, was gültig ist und was nicht! Wenn dieser Gott das Ziel unseres Lebens definiert hat, dann kann er entscheiden, was am Ziel vorbeigeht und damit Sünde ist und was nicht! Er kann entscheiden, wie Vergebung funktioniert und wie nicht! Er hat alle Rechte!

Wir können in unserer Gesellschaft so lange über moralische Themen diskutieren, wie wir wollen. Die entscheidende Frage ist: Gibt es diesen Schöpfergott? Wenn es ihn nicht gibt, werden der Zufall, die nächste Mutation und dein Verhalten darüber entscheiden, wie unsere Welt in 100, 1000 oder 10.000 Jahren aussieht. Dann sind alle deine guten Entscheidungen nur für die »nach dir« wichtig. Dann solltest du jetzt in diesem Moment aufspringen und nur noch tun, wozu du jetzt Lust hast. Ohne Rücksicht auf Verluste, denn dir bleibt nicht mehr viel Zeit.

Milliarden Menschen vor dir haben sich für die Variante ohne Schöpfer entschieden. Im Ergebnis dieser Entscheidung leben wir heute. Darin liegt vielleicht der Knackpunkt für den häufigsten Grund, warum Menschen nicht an Gott glauben: Not und Leid! Das heißt, wir haben den wichtigsten Punkt, warum wir nicht mehr an den Schöpfer glauben wollen, selber erschaffen. Wie reagiert nun der Schöpfer darauf? Wie schafft Er es, in dieses von Menschen produzierte Chaos eine Perspektive für die Ewigkeit zu bringen?

EIN DEAL FÜR DIE EWIGKEIT

Im Anfang erschuf Gott Himmel und Erde, die Tiere und den Menschen. Nachdem Gott alles erschaffen hatte, betrachtete er die gesamte Schöpfung, inklusive der Kakerlaken und Stechmücken »*und siehe, alles war sehr gut*« (1. Mose 1).

Das ist der Urzustand unseres Universums. Gott war mit seinem Werk zufrieden. Eine Eigenschaft, die mir manchmal gewaltig fehlt. Ich bin zwar nicht unbedingt perfektionistisch veranlagt, aber durchaus kritisch. Irgendetwas gibt es doch immer zu bemängeln. Das Bild ist schön, aber es könnte noch farbenfroher oder exakter sein. Die Predigt war gut, aber sie könnte noch tiefer sein. Der Bauch ist … – hier komme ich noch nicht einmal bis zum Aber. Selbst wenn wir es schaffen, bis zu einem »gut« zu kommen, so bleibt doch in allen Lebensbereichen immer noch so ein mehr oder weniger großes Aber stehen.

Bei Gott nicht. Er bezeichnet alles als gut. Ganz oberflächlich betrachtet mag das nichts Besonderes sein, schließlich ist Er Gott. Hinter dieser Aussage steckt aber eine ganz krasse Wahrheit. In dem Moment, als Gott alles gut nennt, ist die Schlange bereits Teil des Ganzen. Gott kennt das Potential des Bösen. Er ist nicht naiv und die Entscheidung des Menschen, sich dem Bösen zu öffnen, war kein Unfall. Das gehört zu den Dingen, die ich bisher noch nicht einmal im Ansatz begriffen habe. Gott hat die Möglichkeit, uns von ihm abzuwenden, von Anfang an geschaffen. Über das ›Warum‹ kann ich nur spekulieren. Ich vermute, dass es mit dem unschätzbaren Wert von freiwilliger Liebe zu tun hat. Aber darauf möchte ich im Laufe dieses Kapitels noch einmal zurückkommen.

Die Schlange war listiger als alle anderen Tiere und brachte den Menschen dazu, dass er sich von Gott unabhängig machen wollte: »*Ihr werdet sein wie Gott und wissen, was gut und böse ist.*« (1. Mose 3,5)

Das war keine Lüge. Nachdem der Mensch sich entschieden hatte, sich von Gott unabhängig zu machen, wusste er tatsächlich, was gut und böse ist. Er konnte damit aber nicht umgehen. Die Lüge lag in einem anderen Punkt: »*Gott sprach zum Menschen: ›Von allen Bäumen im Garten darfst du essen, nur nicht von dem Baum, der dich Gut und Böse erkennen lässt. Sobald du davon isst, musst du sterben!‹*« (1. Mose 2,6). »*Unsinn! Ihr werdet nicht sterben‹, widersprach die Schlange, ›aber Gott weiß: Wenn ihr davon esst, werden eure Augen geöffnet – ihr werdet sein wie Gott und wissen, was gut und böse ist.‹*« (1. Mose 3,4-5)

Gott sagt, »ihr werdet sterben«. Seine Ankündigung trifft schnell und wörtlich ein. Die erste bemerkenswerte Aktion des Menschen, nachdem er von der Frucht gegessen hat, ist ein aus Rache motivierter Brudermord. Kain erschlägt seinen Bruder Abel. »Ihr werdet sterben« – dieses Leid fügen sich die Menschen gegenseitig zu.

Für mich ist das eine wichtige Perspektive auf das Böse. Wie schnell klagen wir Gott für das Böse, das Leid in unserem Leben an und vergessen doch so oft, in wie vielen Fällen wir selbst die Verursacher sind. Natürlich widerfährt uns auch Leid, bei dem wir die Ursache nicht sehen. Kann man es deshalb auf Gott zurückführen?

Was mich an der Bibel extrem fasziniert, ist, dass sie unser Leben ganz praktisch aufgreift. Gott spricht nicht nur über den biologischen Tod als Konsequenz der Sünde. Er macht den Menschen darauf aufmerksam, dass er, wenn er die Gemeinschaft mit Gott verlässt, bereits tot ist. Ohne diese lebensbringende Gemeinschaft, das unmittelbare Zusammenleben mit Gott, ist der Mensch tot. Und dann führt uns Kain die komplette Bedeutung dessen vor Augen, was Gott meint. Kains Rebellion gegen Gott hat den biologischen Tod von Abel und den geistlichen Tod Kains zur Konsequenz. Gott hatte ihn davor noch einmal ausdrücklich gewarnt: »*Warum bist du so zornig und blickst so grimmig zu Boden?‹, fragte ihn der Herr. ›Wenn du Gutes im Sinn hast, kannst du doch jedem offen ins Gesicht sehen. Wenn du jedoch Böses planst, dann lauert die Sünde dir auf. Sie will dich zu Fall bringen, du aber beherrsche sie!‹*« (1. Mose 4,6-7)

Gott erinnert Kain noch einmal daran, was für ein Potential in ihm steckt. Trotz der Zielverfehlung seiner Eltern ist Kain das Geschöpf Gottes mit der Möglichkeit, dem Bösen zu widerstehen. Kain ist nicht das Opfer eines blöden Umstandes nach dem Motto: Was kann er denn für das Versagen seiner Eltern. Kain wird zum Täter. Er weiß, was Gut und Böse ist, aber er widersteht dem Bösen nicht.

Der Sündenfall ist nicht einfach eine erfundene, alte Geschichte, auch wenn manche historisch-kritischen Bibelforscher dieser Meinung sind. Der Bericht über den Sündenfall von Adam und Eva bringt auf den Punkt, was dir und mir jeden Tag passiert. Wir entscheiden uns immer wieder gegen das Gute und werden zu Tätern. Manchmal sind wir dabei das Opfer Anderer. Dadurch werden wir im Gegenzug wieder zu Tätern an anderer Stelle. Dieser Umstand verdient zu Recht den Begriff ›Teufelskreis‹. Jeden einzelnen Tag, an dem du weißt, was gut ist, und dem Bösen nicht widerstehst, erlebst du deinen persönlichen Sündenfall. Immer wieder aufs Neue.

Schauen wir uns an, wie es mit der Entwicklung der Menschen weiterging. Von Kain, dem Brudermörder, stammen die ersten Menschen ab: Musiker, Handwerker, Künstler, Nomaden. Der Mensch erweist sich als durch und durch böse. Gott begrenzt daraufhin seine Lebenszeit auf 120 Jahre. Aber der Mensch ändert sich nicht. Er geht sogar so weit, dass Gott bereut, ihn überhaupt erschaffen zu haben. Er nimmt sich vor, alles Leben in einer großen Flut zu vernichten. *»Nur Noah fand Gnade beim Herrn.«* (1. Mose 6,8)

Gott sieht Noah. Warum ausgerechnet Noah? Er sieht in ihm keinen fehlerfreien Menschen. Auch Noah hat so manche Probleme in seinem Alltag. Aber Gott sieht in Noah einen Menschen, der aufrichtig bereit ist, Gott zu gehorchen. Jemanden, der bereit ist, einem von Gott gegebenen Ziel auch nachzugehen und sich nicht davon abbringen zu lassen.

Gottes Auftrag an Noah war ein wenig speziell. Er lautete nicht etwa: »Noah, zieh um ans Meer und gründe eine Werft. Dort wirst du genügend Arbeiter finden, die sich im Schiffsbau auskennen und mit dir gemeinsam ein nettes Boot bauen.« Noahs Auftrag war es, inmitten einer dürren, trockenen Wüste ein riesiges Schiff zu bauen. Auf die Hilfe der Nachbarn konnte er nicht setzen. Sie lachten sich über diese wahnwitzige Idee schlapp. Ein Schiff in der Wüste!

Aber genau darin zeigte sich das Herz Noahs. Er gehorchte Gott und verfehlte sein Ziel nicht. Gott suchte sich diesen Mann aus, um noch einmal von vorne anzufangen. Der Mensch bekam eine zweite Chance.

Doch anstelle von Gottes Nähe und Gemeinschaft mit ihm träumten die Menschen weiter von Unabhängigkeit:

DER TURMBAU ZU BABEL

»*Als sie von Osten weiterzogen, fanden sie eine Talebene im Land Schinar. Dort ließen sie sich nieder und fassten einen Entschluss: ›Los, wir formen und brennen Ziegelsteine!‹,riefen sie einander zu. Die Ziegel wollten sie als Bausteine benutzen und Teer als Mörtel. ›Auf! Jetzt bauen wir uns eine Stadt mit einem Turm, dessen Spitze bis zum Himmel reicht!‹, schrien sie. ›Dadurch werden wir überall berühmt. Wir werden nicht über die ganze Erde zerstreut, weil der Turm unser Mittelpunkt ist und uns zusammenhält!‹*«* (1. Mose 11,2-4)

DIE KRAFT DER VISION

Weil der Mensch nach Gottes Ebenbild geschaffen wurde, trägt er von Anfang an ein riesiges Potential in sich. Das weiß Gott.
»*Sie sind ein einziges Volk mit einer gemeinsamen Sprache. Was sie gerade tun, ist erst der Anfang, denn durch ihren vereinten Willen wird ihnen von jetzt an jedes Vorhaben gelingen!*« (1. Mose 11,6)
Gott kennt die Kraft einer Vision und er nennt hier ihre drei zentralen Punkte:

- ein einziges Volk (Gemeinschaft),
- eine gemeinsame Sprache (Einigkeit),
- ein vereinter Wille (gemeinsames Ziel).

Gott sagt, wenn eine Gruppe von Menschen in einer echten Gemeinschaft lebt, es schafft, sich aufeinander einzulassen, und so miteinander kommuniziert, dass sie wirklich eine gemeinsame Sprache spricht, und zudem noch eine gemeinsame Vision entwickelt hat, dann ist sie nicht mehr zu stoppen.

Diese Aussage ist nicht das Mantra eines modernen Erfolgstrainers. Sie stammt von Gott selbst. Dabei zeigt sich, dass Gott mit Visionen gar kein Problem hat. Sein Problem besteht nicht in der Tatsache, dass die Menschen sich einig werden und ein gemeinsames Ziel verfolgen. Das Problem war ihre Motivation. Sie wollten berühmt werden. Der Turm sollte der Mittelpunkt ihres Lebens werden.

Gott hatte dem Menschen den Auftrag gegeben, sich über die ganze Erde auszubreiten, sie zu bewohnen und zu bewahren. Aber der Mensch wollte Gottes Auftrag nicht ausführen. Wieder einmal lebte er an dem Ziel vorbei, das Gott ihm gegeben hatte. Wenn der Turm der Mittelpunkt wird, werden wir nicht über die Erde zerstreut.

Gott kannte die Kraft dieser Vision und hatte verschiedene Möglichkeiten, einzugreifen. Er hätte den Turm einfach umpusten können. Wissenschaftler hätten das dann vermutlich als einen historischen Hurrikan bezeichnet. Gott hätte den Bau auch durch ein Erdbeben oder sonst irgendein »natürliches« Ereignis zerstören können. Aber er rührte den Turm nicht an.

»Wir werden hinuntersteigen und ihre Sprache verwirren, damit keiner mehr den anderen versteht!‹ So zerstreute der Herr die Menschen über die ganze Erde; den Bau der Stadt mussten sie abbrechen.« (1. Mose 11,7-8)

Gott sorgte dafür, dass die Menschen sich nicht mehr untereinander verstanden. Daraufhin wurden sie über den gesamten Erdkreis verstreut .... Seither ist der Mensch auf der Suche. Wie ein Getriebener durchkämmt er diesen Planeten und sucht nach dem, wofür er eigentlich bestimmt war. Der Mensch fragt sich, ob es noch etwas außer diesem Dasein, dem Hier und Jetzt auf dieser Erde gibt. Er sucht nach einer Perspektive über diese Welt hinaus, einer Perspektive Ewigkeit.

Der britische Schriftsteller und Theologe Clive Staples (C.S.) Lewis formulierte es einmal folgendermaßen: »Wenn ich in mir eine Sehnsucht [Verlangen] spüre, die durch keine Erfahrung der Welt gestillt werden kann, ist die wahrscheinlichste Erklärung dafür, dass ich für eine andere Welt geschaffen wurde.«

Folglich stecken der Schöpfer Gott und seine Schöpfung in einem Dilemma. Die Schöpfung leidet unter akutem Sinnmangel und dem immer mehr zunehmenden Zerfall der Schöpfungsordnung. Der Schöpfer selbst leidet aber auch.

Gott ist heilig und er kann nicht mehr in und mit dieser gefallenen Welt leben. Er muss sich von ihr zurückziehen. Das entspricht aber nicht seinem eigentlichen Willen. Was der Wille Gottes ist, finden wir sehr gut und kompakt zusammengefasst in einem Brief von Paulus an seinen Schüler und Freund Timotheus: »*Er will, dass alle Menschen die Wahrheit erkennen und gerettet werden*« (1.Timotheus 2,4).

Die Menschheit ist verloren. Gott will, dass wir diese Wahrheit erkennen und aus dieser Verlorenheit gerettet werden. Gottes Wille ist es, die Ewigkeit mit dir und mir und der gesamten Menschheit zu verbringen. Aber er will uns seinen Willen nicht aufzwingen. Wahre Liebe beruht auf Freiwilligkeit. Du möchtest nicht von jemandem geliebt werden, der gar keine andere Wahl hatte.

In einigen Stellen der Bibel stellt sich Gott als ein Liebhaber vor. Er bezeugt seine Liebe zu uns, aber er möchte, wie ein Liebhaber, auch von uns begehrt werden. Gott will mit uns zusammen sein und in einer Liebesbeziehung zu uns leben, bis in Ewigkeit. Der Mensch erwidert diese Liebe nicht freiwillig. Er möchte seine eigenen Wege gehen und erfährt die Konsequenz dafür, den Tod.

Wie kommen nun der Schöpfer und seine Schöpfung aus dieser Zwickmühle wieder raus? Mit einem Deal für die Ewigkeit. Gott wartet nicht darauf, dass der Mensch eine Lösung bringt. Er beginnt mit einem grandiosen Rettungsplan. Dabei hat Gott eine Strategie: Er beginnt mit einem Einzelnen!

ABRAM

Abram ist ein interessanter Name, vor allem für einen jungen Knaben. Abram bedeutet übersetzt: »Der Vater ist erhaben« oder auch »Sohn des erhabenen Vaters«. Meiner Meinung nach sagt dieser Name sehr viel mehr über den Stolz und Charakter des Vaters als über das neue kleine Baby aus.

Abrams Vater war Terach. Terach hatte insgesamt drei Söhne. Abram, Nahor und Haran. Haran war der Vater von Lot und starb verhältnismäßig früh. Dadurch entstand eine besondere Verbindung zwischen Lot und seinem Onkel Abram. Es war die Aufgabe des Onkels, sich um den verwaisten Neffen zu kümmern.

Die Geburt von Abram wird auf etwa 2000 v. Chr. geschätzt. Besser bekannt als das genaue Geburtsdatum ist der Geburtsort. Abram wurde in der Stadt Ur in Chaldäa, dem heutigen Irak, geboren. Ur war eine Hafenstadt. Eine Menge unterschiedlichster Menschen durchreisten die Stadt und beeinflussten sie durch die verschiedensten Bräuche, Kulturen und Religionen. Ur war eine Spielwiese für spirituelle Gottheiten. Neben zahlreichen Natur- und Fruchtbarkeitsgöttern stach vor allem der Mondgott Nanna heraus, dem ein ganzes Stadtviertel im Norden gewidmet war.

Der Hafen brachte den Bewohnern aber nicht nur Religionen. Durch den Handel und Transport von vielen Handelsgütern war Ur eine reiche Stadt. Auch die Familie Terachs brachte es dort zu erheblichem Reichtum. Abram wurde nicht in Armut geboren. Er genoss ein Leben im Überfluss. Seine Kindheit war geprägt von Erziehern, Bediensteten und sehr viel Besitz.

Nach dem Tod von Abrams Bruder, wird berichtet, wollte Terach die Stadt Ur verlassen. Er beabsichtigte, seinen Geschäftssitz nach Kanaan zu verlegen. Dabei folgte er dem »grünen Halbmond«, einer Reiseroute, die dem Mondgott Nanna gewidmet war. Die markantesten Stellen dieser Route waren die Städte Ur, Haran und Salem, das heutige Jerusalem. Terach machte in der Stadt Haran einen Zwischenhalt. Dabei ging es aber nicht um eine kleine Pause, er ließ sich dort längere Zeit nieder. Es war ganz sicher kein Zufall, dass sich Terach ausgerechnet diese Stadt aussuchte. Vielmehr zeugt es davon, dass Terach zwar seine Heimatstadt, aber nicht seine Götter hinter sich lassen wollte. In Haran konnte er weiterhin dem Gott Nanna dienen. Dort gab es ebenso Möglichkeiten, Nanna anzubeten und ihm zu opfern, und in dieser Stadt starb Terach »der Erhabene«.

Ich finde es immer besonders spannend, mich in die Situation der Menschen in der Bibel hineinzuversetzen. Dazu suche ich Bilder und Landkarten bei Google und Wikipedia und versuche, mir ganz bildhaft vorzustellen, wie es den Leuten wohl gegangen ist.

Ich stelle mir vor, wie Abram in einer schönen Kneipe in Haran sitzt und die Menschen beobachtet. Haran war ein Verkehrsknotenpunkt, ein bisschen wie der Frankfurter Flughafen. Die zwei bedeutendsten Handelsstraßen kreuzten sich in Haran. Unzählige Händler zogen mit ihren Karawanen durch diese Stadt. Jeden Tag gab es etwas Spannendes zu erleben. An Unterhaltung und Lebensqualität mangelte es in Haran ganz sicher nicht. Vor allem nicht für einen reichen Mann wie Abram. Er hatte ein Vermögen geerbt.

Auf der einen Seite eröffnen sich ungeahnte Möglichkeiten: Das pralle Leben lockt. Auf der anderen Seite ist Abram aber traurig und verzweifelt. Sein Vater Terach war das Zentrum der Familie. Ihm hatten sie den Reichtum zu verdanken. Er traf die Entscheidungen in der Familie. Er war derjenige, der abends im Zelt die Geschichten erzählte. Abram trauert um seinen Vater. Als ob das nicht schon belastend genug wäre, bedrückt ihn noch ein ganz anderes Problem: Seine Vergangenheit, seine Familie, seine Verwandtschaft, seine ganze Identität liegt in Ur. Dort ist er aufgewachsen. Dort hat er das Leben kennen gelernt. Dort sind die vielen Orte, an die er sich gerne zurück erinnert. Dort ist der Ort, an dem er sich zu Hause fühlt. Aber Abram ist nun in Haran. Alles hat sich verändert. Nur eines ist gleich geblieben, darauf kann er sich immer noch stützen und darin Halt suchen: Nanna, der Mondgott!

Nanna bestimmt Abrams Perspektive auf das Leben. Immer, wenn er zum Nachthimmel schaut, sieht er den Mond und glaubt, dass Nanna bei ihm ist. Von ihm erhofft er sich, dass sich das vertraute Gefühl des alten Lebens wieder einstellt. Nanna steht für seine ganze Vergangenheit und Identität.

In dieser Situation, mitten hinein in Abrams Gefühlswelt, passiert auf einmal etwas ganz Seltsames:

»Der Herr sagte zu Abram: ›Geh fort aus deinem Land, verlass deine Heimat und deine Verwandtschaft, und zieh in das Land, das ich dir zeigen werde! Deine Nachkommen sollen zu einem großen Volk werden; ich werde dir viel Gutes tun; deinen Namen wird jeder kennen und mit Achtung aussprechen. Durch dich werden auch andere Menschen am Segen teilhaben. Wer dir Gutes wünscht, den werde ich segnen. Wer dir aber Böses wünscht, den werde ich verfluchen! Alle Völker der Erde sollen durch dich gesegnet werden.‹« (1. Mose 12, 1-3)

Gott spricht in das Leben von Abram zu einem sehr ungewöhnlichen Zeitpunkt. Abram ist kein junger, wilder Draufgänger mehr, der nach der Schule einfach nicht weiß, was er mit sich anfangen soll. Bei Gottes Auftrag geht es auch nicht um ein spannendes FSJ, bei dem man ein paar Abenteuer erlebt, um danach wieder gemütlich heim zu Mutti zu gehen.

Die Bibel berichtet, dass Abram zu diesem Zeitpunkt bereits 75 ist. Die damalige durchschnittliche Lebenserwartung lag bei 120 Jahren. Demnach war Abram also, verglichen mit heute, ein Mann zwischen vierzig und fünfzig. Die beste Zeit, um so richtig in die Midlife-Crisis zu geraten, in der sich Männer noch einmal fragen, wer sie eigentlich sind, was sie bis jetzt in ihrem Leben geleistet haben und was sie wohl verpasst haben. Das ist die Zeit, in der Männer anfangen, sich ernsthaft Gedanken darüber zu machen, was sie nach ihrem Leben wohl hinterlassen werden.

Ich vermute, Abram war in Gedanken dabei, über sein bisheriges Leben Bilanz zu ziehen. Er war mit einer sehr schönen Frau verheiratet. Seine Persönlichkeit und sein Charakter waren bereits ausgebildet. Er hatte Vorstellungen, Wünsche und Träume und eine Menge Geld, diese zu verwirklichen. Haran war dafür nicht der schlechteste Ort. Aber Abram hatte niemanden, an den er das weitergeben wollte. Ihm graute es bei der Vorstellung, dass er irgendwann einmal seinen ganzen Besitz seinem Diener überlassen müsste, weil er selber keinen Sohn hatte. Er hatte überhaupt keine Kinder. Das gab Abram einen Stich ins Herz.

Und jetzt kommt ein Gott daher, den Abram noch nicht einmal kennt, und spricht ihn ausgerechnet in dieser Phase seines Lebens an. Dieser Gott scheint das tiefste Innere Abrams zu kennen. Er spricht ihn genau da an, wo es Abram fehlt. Gott macht ein Versprechen in den tiefsten Mangel Abrams hinein. Ich glaube, Gott war es absolut bewusst, wie schwer diese Entscheidung für Abram werden würde. Deshalb gibt er ihm auch nicht einfach nur einen Auftrag, sondern macht ihm gleichzeitig ein Versprechen: Ehre, Anerkennung, ein Land – und Kinder!

Spannenderweise ist an dieser Stelle zum ersten Mal nach dem Turmbau zu Babel wieder die Rede von einem großen Volk. Gott hatte die Menschheit in kleine Einheiten über die ganze Erde verteilt. Aber hier eröffnet Er eine neue Dimension. Sein Ziel ist ein großes Volk, vereint unter Gottes Herrschaft. Gott kündigt sein Reich an. Das Reich Gottes soll mit einem Mann, Abram, seinen Anfang nehmen. Betrachtet man die Ewigkeit aus der Perspektive von Gottes Rettungsplan, so nimmt sie hier ihren Anfang. Es ist sozusagen die Stelle, an der Gott das Fernrohr platziert, und von dort aus schenkt Er Abram einen Ausblick auf eine wiederhergestellte Ewigkeit mit Gott. Dieses Versprechen Gottes an Abram hat eine unfassbare Dimension.

Wir erfahren an der Stelle nichts über Abrams Gedankenwelt, nichts über seine Zweifel, mögliche Rückfragen oder Diskussionen mit Gott. Wir erfahren nur, wie er reagiert: »*Abram gehorchte und machte sich auf den Weg.*« (1. Mose 12,4)

Von diesem Moment an erlebt Abram eine Geschichte voller Wendungen, gleich einem Wechselbad der Gefühle:

Gott bringt ihn nach Kanaan: Yes!

Das Land ist schon besetzt: No!

In Kanaan herrscht eine große Hungersnot, doch Abram darf nach Ägypten: Yes!

Dort muss er um sein Leben fürchten: No!

Er gibt seine Frau als seine Schwester aus und gewinnt die Gunst des Pharaos. In der Folge erhält er Geschenke ohne Ende: Yes!

Doch Gott bestraft den Pharao dafür, dass er die Frau eines Anderen zu seiner eigenen macht, und Abram wird rausgeschmissen: No!

Wenn ich diese Passagen in der Bibel lese, erinnert es mich an eine Daily Soap bei RTL: ›Gute Zeiten. Schlechte Zeiten.‹ Ein ständiges Auf und Ab, das Abram da mit seiner Familie erlebt. Doch schließlich kommt er nach Kanaan zurück und Gott erneuert sein Versprechen: »*Das ganze Land, alles, was du jetzt siehst, will ich dir und deinen Nachkommen geben – für immer! Ich will dir so viele Nachkommen schenken, dass sie unzählbar sind wie der Staub auf der Erde!*« (1. Mose 13,15)

Gott eröffnet Abram ganz konkret die Perspektive Ewigkeit: »für immer!« Und Gott macht etwas, das aus der Sicht von uns Menschen völlig verrückt erscheint. Er schließt einen Bund mit Abram: »… *›nicht dein Diener, sondern dein eigener Sohn wird den ganzen Besitz übernehmen!‹ Er führte Abram aus dem Zelt nach draußen und sagte zu ihm: ›Schau dir den Himmel an, und versuche, die Sterne zu zählen! Genauso werden deine Nachkommen sein – unzählbar!‹ … So schloss der Herr einen Bund mit Abram.*« (1. Mose 15,4-6,18)

Was daran so seltsam ist? Aus unserer heutigen Sicht und unserem Rechtsverständnis heraus sehen wir einen Bund als eine Vereinbarung an, bei der sich zwei gleichwertige Partner auf Augenhöhe treffen und gegenseitig zu etwas verpflichten. Das ist aber nicht das Verständnis der damaligen Zeit. Im Hebräischen steht das Wort ›berit‹ für Bund und damit ist folgendes gemeint: Jemand übernimmt eine bindende Verpflichtung im Interesse eines Anderen, meist Schwächeren, ohne dessen Gegenleistung vorauszusetzen.

Gott, der stärkere Teil dieses Bundes, verpflichtet sich gegenüber Abram, dem schwächeren Teil, zu einer Handlung. Ganz konkret wird Er ihm nicht nur einen Sohn, sondern eine riesige Anzahl an Nachkommen schenken. Und Er verspricht ihm, dass diese Nachkommen eine Bedeutung bis in die Ewigkeit haben werden. Für immer.

Gott geht von sich aus auf Abram zu, ohne von ihm eine Gegenleistung einzufordern. Schon an der Stelle offenbart Gott seine Einzigartigkeit, seinen Charakter. Er liebt im Voraus. Alle Religionen dieser Welt haben gemeinsam, dass sie auf irgendeine Art und Weise dazu dienen, Gott, oder das Göttliche, zu suchen. Der Gott Abrams kommt dem Menschen entgegen. Gott lässt sich von sich aus auf einen Bund mit Abram ein.

Als ich diese Stelle immer wieder durchlas, merkte ich auf einmal, wie tief die Begegnung mit Gott für Abram ging. Gott kennt Abrams Vergangenheit durch und durch. Er weiß, dass es tief im Inneren Abrams immer noch ein Problem mit seiner Identität gibt: sein Name (›Sohn des Erhabenen‹) und Nanna! Zuerst kümmert Er sich um das Namensproblem. Gott besiegelt den Bund mit Abram und gibt ihm einen neuen Namen: Abra*h*am, Vater von Vielen!

Und Gott hilft ihm, über Nanna hinwegzukommen. Jedes Mal, wenn er zum Abendhimmel hinauf sah, wurde Abram an seine Kindheit und den Gott seiner Kindheit erinnert. Bei jedem Blick in den Abendhimmel geriet er in die Versuchung, sich wieder an die alten Götzen zu klammern. Gott ersetzt diesen Himmelsblick durch eine andere Perspektive: »Schau dir den Himmel an und versuche die Sterne zu zählen, so zahlreich werden deine Nachkommen sein!« Gott gibt damit nicht nur ein Versprechen. Er sagt Abram: Von heute an wirst du jedes Mal, wenn du zum Himmel hochschaust, nicht mehr an Nanna denken. Jeder einzelne Stern erinnert dich an mich und meinen Bund mit dir. Er gibt Abram die Gelegenheit, seine Identität von Gott her zu nehmen. Dieser Bund mit Gott bekommt ein sichtbares Zeichen: Die Beschneidung.

Der Rettungsplan Gottes mit seiner Schöpfung war einen entscheidenden Schritt vorangekommen. Gott wartet nicht darauf, dass der Mensch auf irgendeine Art und Weise die Zielverfehlung wieder in den Griff bekommt. Er startet seine Rettungsmission selbst und macht einseitig ein Angebot an Abram. Und so einseitig dieses Angebot auch ist, bedarf es einer Reaktion, damit daraus Veränderung entstehen kann. »*Abram nahm dieses Versprechen ernst. Er setzte sein ganzes Vertrauen auf den Herrn, und so fand er Gottes Anerkennung.*« (1. Mose 15,6). Abraham setzt sein Vertrauen auf den Herrn und so findet er Gottes Anerkennung. Das Wort ›Glaube‹ kann man durch das Wort ›Vertrauen‹ ersetzen und anders herum. Durch den Glaube findet Abraham Anerkennung bei Gott.

Im Neuen Testament taucht wieder dieser Glaube, dieses Vertrauen auf. Es geht um dieselbe Herzenshaltung: »*Denn Gott hat der Welt seine Liebe dadurch gezeigt, dass er seinen einzigen Sohn für sie hergab, damit jeder, der an ihn glaubt, das ewige Leben hat und nicht verloren geht.* (Johannes 3,16)

Wie äußerte sich dieses Vertrauen bei Abraham? Er war im Glück angekommen. Gott hatte sein Versprechen eingehalten. Kanaan war wirklich das versprochene fruchtbare Land. Abraham war vom Erfolg verwöhnt und konnte seinen Reichtum kaum noch zählen. Bei kriegerischen Auseinandersetzungen genoss er Gottes Gunst und schließlich hielt er auch noch den versprochenen Erben im Arm: Isaak. »Läuft bei dir, Alter!« Und wieder wählt Gott einen markanten Moment im Leben Abrahams aus, um mit ihm zu reden. Doch dieses Mal gibt er ihm kein Versprechen, sondern stellt eine Forderung: Abraham soll seinen geliebten Sohn opfern.

An der Stelle bin ich immer wieder verzweifelt. Warum macht Gott das? Passt das in mein Bild von einem liebenden Gott? Wie kann er das von Abraham verlangen?

Zunächst musste ich etwas ganz ehrlich feststellen: Nein, das passt nicht in mein Bild von Gott. Das Problem ist allerdings nicht Gott, sondern mein Bild von ihm. Ich habe mir in meinem Leben eine passende Vorstellung von Gott gemacht. Da ist irgendwie alles durchgestylt und Gott wird für alle möglichen Gedanken passend gemacht. Das ist aber nicht der Gott, der sich uns in der Bibel präsentiert. Das ist nicht der Gott Abrahams und Isaaks. Denn dieser Gott sprengt meine Vorstellungen. Es gibt Seiten an diesem Gott, die ich nicht verstehe und die mir seltsam erscheinen. Aber wenn ich die Bibel darin ernst nehmen möchte, dass sie mir diesen Gott vorstellt, dann muss ich auch die Stellen zunächst einfach mal stehen lassen, die nicht in mein Bild passen.

Auf die Frage, warum Gott so vorgeht, gibt es schon eine Antwort, die mir allerdings immer noch zu schaffen macht. Isaak verkörpert alles, was sich Abraham vom Leben gewünscht hat. Er ist das eingelöste Versprechen Gottes. Aber für Abraham hatte die Einlösung des Versprechens mehr Bedeutung als der Versprechende. Isaak war ihm wichtiger geworden als Gott. Diese Herzenshaltung erklärt sich durch ein früheres Gespräch Abrams mit Gott: »*Danach redete der Herr zu Abram in einer Vision: ›Hab keine Angst, Abram, ich selbst beschütze dich, ich werde dich auch reich belohnen!‹ Aber Abram entgegnete: ›Ach Herr, mein Gott, was willst du mir denn schon geben? Ich habe keinen Sohn, und ohne einen Nachkommen sind alle Geschenke wertlos.‹*« (1. Mose 15,1-3)

Isaak hatte im Leben von Abraham die Stellung eines Götzen eingenommen. Er wurde wichtiger als alles andere. Auch wichtiger als Gott. Gott ist bereit, seinen Rettungsplan für die Welt auf Abraham zu gründen. Er erwartet aber das vollkommene Vertrauen von ihm. Gott duldet nicht, dass da etwas Anderes an erster Stelle steht. Weder der Mondgott Nanna noch Isaak noch irgendwelche anderen Götzen. Gott will an erster Stelle stehen.

Ja, mit dieser Forderung Gottes tue ich mich schwer. Ein Gott, der darum eifert, an erster Stelle zu stehen. Aber genau so präsentiert sich Gott immer wieder in der Bibel: *»Ich bin der Herr, dein Gott; ich habe dich aus der Sklaverei in Ägypten befreit. Du sollst außer mir keine anderen Götter verehren! Fertige dir keine Götzenstatue an, auch kein Abbild von irgendetwas am Himmel, auf der Erde oder im Meer. Wirf dich nicht vor solchen Götterfiguren nieder, bring ihnen keine Opfer dar! Denn ich bin der Herr, dein Gott. Ich dulde keinen neben mir!«* (2. Mose 20,2-5)

Wie reagiert nun Abraham auf diese Forderung von Gott, seinen einzigen Sohn zu opfern? *»Am nächsten Morgen stand Abraham früh auf und spaltete Holz für das Opferfeuer. Dann belud er seinen Esel und nahm seinen Sohn Isaak und zwei seiner Knechte mit. Gemeinsam zogen sie los zu dem Berg, den Gott Abraham genannt hatte ...«* (1. Mose 22,3). Stopp! Als ich das zum ersten Mal bewusst gelesen habe, hat es mich fast umgehauen: Abraham gehorcht, am nächsten Morgen! Unglaublich!

Zwei Kapitel vorher finden wir einen Bericht, wie Abraham mit Gott um die Städte Sodom und Gomorra ringt, zwei durch und durch verdorbene Städte. Dort herrschten wirklich verabscheuungswürdige Zustände. Aber Abraham ringt und verhandelt mit Gott, ob er die Städte nicht von ihrer Zerstörung verschonen könne, wegen fünfzig gerechter Menschen, wegen vierzig, dreißig, zwanzig oder sogar nur wegen zehn. Abraham lässt nicht locker. Er diskutiert, er feilscht mit Gott um für ihn mehr oder weniger fremde Menschen. Und jetzt, wo es für ihn um sein Ein und Alles geht, seinen geliebten Isaak, gehorcht Abraham sofort?

Was für einen Gehorsam hat dieser Mann? Ich bin zutiefst davon überzeugt, Abraham glaubte wirklich, dass er Isaak würde opfern müssen. Der Schmerz darüber muss unvorstellbar groß gewesen sein. Aber Abraham hatte im Laufe seines Lebens seine Perspektive auf sein eigenes Leben und sogar auf den Tod verändert. Er hatte im Laufe seines Lebens etwas ganz Tiefes gelernt: Mein Schicksal liegt in Gottes Händen.

Wie schon gesagt: Die Bibel stellt sich nicht als ein Handbuch dar. Sie ist keine Betriebsanleitung, in der du für jede passende Lebenssituation das richtige Sprüchlein findest. Die Bibel ist ein zutiefst ehrlicher Lebensbericht, von Menschen, die in ihrem Leben Gott kennengelernt haben.

Abraham hat Gott in so vielen Situationen seines Lebens erfahren: Er hat seine Identität aufgegeben. Er hat großartige Geschenke erlebt. Er hat tiefe Depressionen erlebt. Er hat Sodom und Gomorra untergehen gesehen. Und: Er hat erlebt, dass Gott in allem treu ist.

Abraham hatte den tiefen, festen Glauben, dass egal was dieser Gott von ihm forderte, gut für ihn war. Er sah sogar in dem absolut Grausamsten, seinen Sohn Isaak zu opfern, noch eine Möglichkeit für Gott, Gutes daraus entstehen zu lassen. Hierzu fällt mir eine sehr bekannte, oft zitierte Bibelstelle ein: »*Wir wissen aber, dass denen, die Gott lieben, alle Dinge zum Besten dienen*« (Römer 8,28).

Ich habe diesen Vers lange Zeit verabscheut, weil ich viel zu oft miterlebt habe, wie er missbraucht wird. Dieser Vers ist ein Schlag in das Gesicht eines Menschen, der gerade schwierige, schlechte Zeiten in seinem Leben durchlebt. Ein Schlag, wenn er dazu benutzt wird, die Schwierigkeiten klein zu reden. Ein billiges Vertrösten, nach dem Motto, »das wird schon«.

Dieser Vers wird aber zu einem echten, tiefen Trost, wenn wir die Perspektive und einen Glaube wie Abraham haben. Abraham hatte verstanden: Diesem Gott zu vertrauen, ist keine Frage meiner Launen, meiner Situation oder dessen, wie es mir gerade geht, auch, wenn das vor mir Liegende wirklich schwer, schmerzhaft und bedrohlich ist. Abraham vertraute darauf, dass Gott es gut mit ihm meinte: »*Durch den Glauben wurde ›Abraham‹ gehorsam, als er berufen wurde, in ein Land zu ziehen, das er erben sollte; und er zog aus und wusste nicht, wo er hinkäme.* (Hebräer 11,8-17)
Abraham glaubte so unerschütterlich an Gott, dass er sogar bereit war, seinen einzigen Sohn Isaak zu opfern, als Gott ihn auf die Probe stellte.

Der Rettungsplan Gottes, der Deal für die Ewigkeit, ist ein einseitiges Angebot Gottes! Aber dieser Deal setzt unseren Glauben, unser Vertrauen voraus. Gott fordert Abram auf, seine Vergangenheit, seine Identität, seine Komfortzone und seine Götter zu verlassen! Er fordert Abraham auf, alles aufs Spiel zu setzen und Gott vollkommen zu vertrauen.

Eine neue Perspektive einzunehmen, erfordert, die alte Einstellung und manchmal sogar den gewohnten Standpunkt zu verlassen. Um eine neue Perspektive zu bekommen, muss man die alte aufgeben.

Gott beginnt von sich aus, mit Abraham zu reden. Das Faszinierende an diesem Gott ist, dass er damit bis heute nicht aufgehört hat. Er möchte auch mit dir reden! Ich glaube, Gott konfrontiert uns heute noch mit denselben Herausforderungen. Unsere Perspektive Ewigkeit hat etwas damit zu tun, in wen oder was wir unseren Glauben, unser Vertrauen setzen. Wie antworten wir darauf?

SEGEN ODER FLUCH

»*Bei Sonnenuntergang wurde Abram müde und fiel in einen tiefen Schlaf. Eine schreckliche Angst überkam ihn, und dunkle Vorahnungen beunruhigten ihn sehr. Da sagte Gott zu ihm: ›Ich vertraue dir jetzt etwas an, das in der Zukunft geschehen wird: Deine Nachkommen werden in einem fremden Land unterdrückt. Sie arbeiten dort als Sklaven – vierhundert Jahre lang. Aber ich werde das Volk bestrafen, das sie dazu gezwungen hat. Mit großen Reichtümern werden sie von dort wegziehen; nach vier Generationen kehren sie in das Land Kanaan zurück. Bis dahin leben die Amoriter in diesem Land, denn sie sind noch nicht reif für das Gericht. Du selbst wirst ein hohes Alter erreichen, in Frieden sterben und begraben werden.*« (1. Mose 15,12-16)*

Gott hatte den Rettungsplan für seine Schöpfung nicht vergessen. Ganz im Gegenteil, er war mittendrin. Alles, was er Abraham versprach, traf auch genauso ein. Abraham bekam neben Ismael und Isaak noch eine ganze Menge weiterer Kinder. »*Nach Abrahams Tod segnete Gott Isaak. Ihm galt jetzt, was Gott Abraham versprochen hatte.*« (1. Mose 25,11). Isaak heiratete Rebekka und hatte zwei Söhne, Jakob und Esau. Jakob war ein ziemlich durchtriebener Geselle. Er trickste seinen Bruder und seinen Vater aus und musste im Laufe seines Lebens dafür ziemlich viel Lehrgeld bezahlen. Aber Jakob war derjenige, mit dem Gott seinen Rettungsplan weiterführen wollte:

»Von jetzt an sollst du nicht mehr Jakob heißen, sondern Israel. Das ist dein neuer Name!‹, sagte er. ›Ich bin Gott, der alle Macht besitzt. Ich werde dir so viele Nachkommen schenken, dass nicht nur ein Volk, sondern zahlreiche Völker daraus entstehen – sogar Könige sollen von dir abstammen! Dir und deinen Nachkommen gebe ich das Land, das ich Abraham und Isaak versprochen habe.« (1. Mose 35,10-12)

Immer wieder berichten mir Menschen, dass sie auch an eine höhere Macht glauben, und manche sagen: »Wir können ihn auch Gott nennen, denn wer oder was Gott ist, weiß ja keiner so genau.« Davon geht die Bibel nicht aus. Seit der Zeit Jakobs wird der Gott der Juden und später dann auch der Gott der Christen – und somit eben auch mein Gott – ganz eindeutig identifiziert: *»Ich bin der Gott deiner Vorfahren, der Gott Abrahams, Isaaks und Jakobs.«* (2. Mose 3,6)

LEBEN IM KREISLAUF

Jakob, der von Gott den Namen Israel bekommen hatte, hatte insgesamt zwölf Söhne. Einer davon war Josef. Neid und Eifersucht trieben seine Brüder dazu, ihn an einen Sklavenhändler aus Ägypten zu verkaufen. Viele Jahre später flüchteten sie mit ihrem Vater Jakob vor einer Hungersnot nach Ägypten und trafen dort Josef wieder. So erfüllte sich, was Gott lange vorher bereits Abraham angekündigt hatte. Israel war nun in Ägypten.

Und dort wurde aus dem *Mann* Israel das *Volk* Israel. Die Ägypter zeigten eine typisch menschliche Reaktion. Das Gute, das sie Josef zu verdanken hatten, war schnell vergessen. Was blieb, waren Angst und Eifersucht auf die Israeliten. Obwohl sie unter der Sklaverei zu leiden hatten, wuchs und entwickelte sich Israel wesentlich besser als Ägypten. Man kann hier einige Parallelen zur heutigen Situation in Europa erkennen. Die Führer arbeiteten mit Mitteln, die daran erinnern, wie manche heutige Politiker in Europa etwa mit der Flüchtlingsfrage umzugehen versuchen.

Der erste Schritt bestand in einer Ghettobildung. Man drängte die Israeliten dazu, sich in bestimmten abgegrenzten Vierteln niederzulassen, und wunderte sich, dass es mit der Integration nicht so gut klappte. Als nächstes wurde der Druck erhöht: mehr Leistung bei geringeren Löhnen. Die Kluft zwischen arm und reich wurde immer größer und der Druck auf das Volk Israel nahm zu. Als alles nichts half, griff der neue ägyptische König zum krassesten aller Mittel. Er befahl den Hebammen, alle neugeborenen männlichen Hebräer zu töten. Damit wollte er der Zukunft Israels ein Ende setzen.

In dieser Zeit berichtet die Bibel von der Geburt eines ganz besonderen Mannes. Schon als Baby wird er als besonders schön beschrieben. Von wegen auf Äußerlichkeiten kommt es nicht an. Aufgrund seiner Schönheit wird er in den ersten drei Monaten versteckt. Es gelingt, ihn vor den mordenden Ägyptern zu verbergen. Schwierig wird es, als er immer größer und vermutlich auch lauter wird. Es muss eine Lösung gefunden werden. Seine Mutter kennt die Gewohnheiten der Königsfamilie. Sie weiß, wo die Prinzessin gerne zum Baden geht. Auch Prinzessinnen stehen auf hübsche Babys. Das ist zumindest ihre Hoffnung. Sie legt den Kleinen in einen Korb und sorgt dafür, dass die Königstochter ihn beim Baden findet.

Volltreffer! Seine Schönheit verfehlt ihre Wirkung nicht. Die Prinzessin bringt es nicht übers Herz, diesen Kleinen zu den Schlächtern zu bringen. Pragmatischerweise will sie sich ihren Busen nicht durch ein säugendes Kind ruinieren und gibt ihn einer Hebräerin zum Stillen. Der Kreis schließt sich, denn die hebräische Amme ist zufälligerweise die leibliche Mutter. So kam es, dass Mose von Anfang an eine Doppelerziehung genießt. Von seinen hebräischen Eltern wird er mit ihrer Familie und Tradition vertraut gemacht und am Königshof bekommt er die beste Ausbildung der damaligen Zeit. Er lernt Lesen, Schreiben, Rechnen und alles, was die ägyptische Wissenschaft hergibt. Und das ist eine Menge.

Mose gehört zur ägyptischen Elite. Doch trotz all seiner Bildung und auch zahlreicher Vorteile, die er am Königshof genießt, zählt er sich nie zu den Ägyptern. Sein Herz schlägt für seine Vergangenheit. Diese hebräischen Sklaven liegen ihm wesentlich näher als all die Leute am Hof. Immer wieder zieht es ihn hinaus auf die großen Baustellen Pitom und Ramses. Dort beobachtet er sie, wie sie aus Lehm Ziegelsteine brennen und aus diesen Vorratshäuser bauen.

»Dabei wurde er Zeuge, wie ein Ägypter einen Hebräer schlug, einen Mann aus seinem Volk! Mose sah sich nach allen Seiten um, und als er sich überzeugt hatte, dass außer ihnen niemand in der Nähe war, schlug er den Ägypter tot und verscharrte ihn im Sand. Am nächsten Tag ging er wieder dorthin und sah zwei Hebräer miteinander streiten. ›Warum schlägst du einen Mann aus deinem eigenen Volk?‹, fragte Mose den, der im Unrecht war. Der Mann erwiderte: ›Was geht dich das an? Bist du unser Aufseher oder Richter? Willst du mich jetzt auch umbringen wie gestern den Ägypter?‹ Mose erschrak. ›Es ist also doch herausgekommen!‹, dachte er.« (2. Mose 2,11-12)

Moses Rechtsempfinden ist schon etwas seltsam. »Warum schlägst du einen Mann aus deinem eigenen Volk?«, fragt er den Mann. Hätte er einen Ägypter verprügelt, wäre es ihm vermutlich noch nicht einmal eine Bemerkung wert. Aber seine Verbundenheit zu den Hebräern überlagert sein ganzes Denken und Empfinden. Er ist bereit, alles für diese Menschen zu tun.

Ich denke, dass Mose bei dem ägyptischen Aufseher nicht rein im Affekt handelt. Immerhin schaut er sich erst einmal in aller Ruhe um, um zu prüfen, ob ihn niemand sieht. Auch hier geht es ihm vor allem um Ägypter, denn seine Landsleute haben ihn gesehen. Er geht davon aus, dass ihm von diesen Hebräern keine Gefahr droht und er sich nur vor den Ägyptern hüten muss. Schließlich handelt er doch in ihrem Sinn. Doch da täuscht sich Mose gewaltig. Seine vermeintlichen Landsleute behalten ihr Wissen nicht für sich. Die Nachricht vom Mord dringt bis zum Pharao vor und Mose ist gezwungen, zu fliehen. Damit erhöht sich die Anzahl der prominenten Flüchtlinge in der Bibel um einen mehr. Mose wird in Midian zum Schafhirten und das für eine ziemlich lange Zeit.

Jahr um Jahr zieht er mit seinen Schafen durch die Gegend. Er kennt die Tour in- und auswendig. Mose weiß ganz genau, wo es gut ist, zu halten, und wo man besser schnell weiterzieht. Sein Leben besteht aus einem Kreislauf. Diesen durchwandert er immer und immer wieder. Einmal durchlaufen, beginnt das Ganze von vorn. Mose führt ein Leben, in dem es keine großen Überraschungen mehr gibt. Wenn man sein Alter auf die heutige Zeit überträgt, ist er zu diesem Zeitpunkt so etwa ein Fünfzigjähriger. Die Midlife-Crisis hat er hinter sich. Die Perspektive auf sein Leben wirkt äußerst begrenzt. In dem Alter erwartet man nicht mehr viel Neues und überlegt sich möglicherweise so langsam, wie man die Zeit zum Altwerden einigermaßen bequem gestaltet. Mitten in diesen langweiligen Lebenskreislauf platzt auf einmal Gott auf eine spektakuläre Art und Weise.

HOREB

»Eines Tages trieb er die Herde von der Steppe hinauf in die Berge und kam zum Horeb, dem Berg Gottes. Dort erschien ihm der Engel des Herrn in einer Flamme, die aus einem Dornbusch schlug. Als Mose genauer hinsah, bemerkte er, dass der Busch zwar in Flammen stand, aber nicht niederbrannte. ›Merkwürdig‹, dachte Mose, ›warum verbrennt der Busch nicht? Das muss ich mir aus der Nähe ansehen.‹ Der Herr sah, dass Mose sich dem Feuer näherte, um es genauer zu betrachten. Da rief er ihm aus dem Busch zu: ›Mose, Mose!‹ ›Ja, Herr‹‚ antwortete er. ›Komm nicht näher!‹, befahl Gott. ›Zieh deine Sandalen aus, denn du stehst auf heiligem Boden! Ich bin der Gott deiner Vorfahren, der Gott Abrahams, Isaaks und Jakobs.‹ Mose verhüllte sein Gesicht, denn er hatte Angst davor, Gott anzuschauen. Der Herr sagte: ›Ich habe gesehen, wie schlecht es meinem Volk in Ägypten geht, und ich habe auch gehört, wie sie über ihre Unterdrückung klagen. Ich weiß, was sie dort erleiden müssen. Darum bin ich gekommen, um sie aus der Gewalt der Ägypter zu retten. Ich will sie aus diesem Land herausführen und in ein gutes, großes Land bringen, in dem Milch und Honig fließen.‹« (2. Mose 3,1-8)

Was für ein Abschnitt, den uns die Bibel da liefert. Hier ändert Gott nicht nur die Perspektive eines einzelnen Mannes. Gott schreibt die Geschichte seines Rettungsplanes weiter und zeigt uns auf, wie auch deine und meine Perspektive auf unser Leben sich ganz plötzlich verändern kann. Seit Jahren beschäftige ich mich mit diesen Versen und habe das Gefühl ständig etwas Neues darin zu entdecken.

Mose ist mit seinen Schafen auf dem Horeb – dem Berg Gottes. Dort erscheint ihm Gott und Mose wundert sich. Genau dieses Phänomen erlebe ich immer wieder bei Menschen in unserer Kirche. Menschen gehen in eine Kirche, einen Gottesdienst, eine christliche Veranstaltung und wundern sich, dass sie dort Gott begegnen. Wenn nicht da, wo denn sonst?! Klar haben wir gelernt, dass Gott nicht von heiligen Orten und Gebäuden abhängig ist. Er kann uns überall begegnen. Und doch denke ich, dass er an den Orten, an denen er gefeiert und von vielen angebetet wird, auch bevorzugt zu finden ist.

Das Spezielle an der ganzen Sache steckt im Detail. Der Berg Horeb war eine Station auf dem Rundweg, den Mose immer wieder mit seinen Schafen zurückzulegen hatte. Dieser Rundweg wurde normalerweise nicht durchbrochen. Wenn wir davon ausgehen, dass Mose etwa vierzig Jahre in Midian war, bedeutet das, dass er schon mindestens vierzigmal am Berg Gottes vorbeigegangen ist, ohne dass irgendetwas Spektakuläres passierte.

Und das wiederum entspannt mich total. Ich denke immer, wenn ein besonderer Freund oder Bekannter von mir, für den ich mir so sehr wünsche, dass er Jesus kennenlernt, endlich mal bereit ist, in einen Gottesdienst zu kommen, dann müsste auch unbedingt etwas Spektakuläres passieren. Gott müsste doch jetzt durch unseren Bühnennebel hindurch auftauchen und meinem Bekannten begegnen. Wir haben den Bühnennebel nicht nur, um an Moses Dornbusch zu erinnern. Was ich hier bei Mose lerne, ist, dass es manchmal sehr lange dauern kann und viele Besuche am Berg Gottes braucht, bis der richtige Moment da ist. Aber wenn Gott sich zeigen möchte, dann hat er sehr kreative Möglichkeiten dazu.

SANDALEN

Mose nähert sich also dem brennenden Dornbusch und die Stimme Gottes begegnet ihm. Wow, da hätte ich mit allem Möglichen gerechnet. Aber was sagt Gott? Schuhe aus! Jetzt weiß ich, was die Leute meinen, wenn sie sagen, dass Gott auch eine mütterliche Seite hat.

Aber im Ernst. Was hat Gott für ein Problem? Waren die Latschen von Mose so dreckig. Stanken sie nach Käsefüßen und Schafdreck? Ich vermute, das war nicht Gottes Problem. Was sagt Er da wirklich zu Mose? Junge, du betrittst jetzt heiliges Land. Das heißt, hier bin ich.

›Heilig‹ ist ein königlicher, räumlicher Begriff. Heilig ist das, was zum Umfeld des Königsthrons gehört. Das Drumherum ist das Profane und es gibt eine klare Grenze zwischen dem Heiligen und dem Profanen. Seit dem Sündenfall der Menschen ist für die Menschen das Profane und für Gott das Heilige da. Gott lädt Mose ein. Er bittet ihn sogar, das Heilige zu betreten. Aber dazu muss Mose etwas ablegen.

Die Sandalen waren Wegbegleiter. Es gibt heute noch einen Spruch, den man einem unbekannten Indianerhäuptling zuschreibt: Urteile nie über jemanden, bevor du nicht einen Mond lang in seinen Mokassins gelaufen bist. Gemeint ist damit, dass man den anderen erst einmal für eine Phase seines Lebens begleiten soll, bevor man sich ein Urteil über ihn bildet. Bildlich dafür stehen die Mokassins oder bei Mose eben die Sandalen. Gott fordert Mose auf, seinen Lebensweg abzulegen. Das was ihn bisher ausgemacht hat, was ihn bis ins Mark geprägt hat, soll und darf er ablegen, bevor er Gott begegnet.

Ich vermute, dass Gott da mitten in das größte Versagen Moses spricht. Gott gibt ihm zu verstehen, dass er ihn nicht als einen Zögling des ägyptischen Hofes versteht. Dass er in ihm nicht den impulsiven Mörder und Flüchtling sieht. Gott sieht ihn als einen Baustein im großen Rettungsplan der Menschheit. Das wird deutlich, indem er Mose auf seine bedeutsame Vergangenheit anspricht: »Ich bin der Gott deiner Vorfahren Abraham, Isaak und Jakob.«

SEHEND, HÖREND, WISSEND

Und nun präsentiert sich Gott, wie er wirklich ist: »Ich habe gesehen, wie es meinem Volk geht. Ich habe gehört, wie sie unter dem Unrecht schreien. Ich weiß, was sie erleiden müssen.« Gott ist ganz nah dran – auch an dir!

Vierhundert Jahre hat es gedauert. Das Volk Israel wusste schon gar nicht mehr so genau, wer dieser Gott eigentlich ist, der da seinen Vorfahren begegnet war und einen Bund geschlossen hatte. Dieser Gott schien so weit weg zu sein. Er hatte doch gar keine Ahnung von dem, wie es dem Volk Israel gerade ging. Wie oft höre ich genau solche Aussagen und wie oft empfinde ich selber so? Wo ist Gott in meinem Alltag? Wo ist er, wenn mir all die blöden Dinge passieren, die nicht sein sollten? Und diese Empfindungen begegnen mir auf zwei Ebenen.

Global frage ich mich: Was hat Gott gerade gemacht, als der Tsunami im Jahr 2004 über den Indischen Ozean hinweg ging und über 230.000 Menschen das Leben nahm? Wo ist Gott, wenn in Syrien Bomben über Bomben fallen? War er gerade auf Spotify, als die Tausenden von Menschen um Gnade flehten, die anschließend in seinem Namen getötet wurden? Hat Gott irgendwie nicht mitbekommen, was hier so abgeht? Und ganz persönlich frage ich mich, warum Gott in den vergangenen Jahren so viel Mist in meinem persönlichen Umfeld zugelassen hat. Da haben psychische und physische Krankheiten so vieles zerstört. Da musste ich mich von Freunden verabschieden, für die wir intensiv gebetet haben. Da habe ich vergeblich auf Wunder gewartet.

Und in diese Fragen hinein begegnet uns Gott und sagt: »*Ja, ich habe die Hilfeschreie der Israeliten gehört; ich habe gesehen, wie die*

Ägypter sie quälen. Darum geh nach Ägypten, Mose! Ich sende dich
zum Pharao, denn du sollst mein Volk Israel aus Ägypten herausfüh-
ren!« (2. Mose 3,9-10)

Das verlangt Vertrauen von mir, Vertrauen in einen Gott, der sich
meiner Logik manchmal gewaltig entzieht. Vertrauen in einen Gott,
der mir anbietet und gleichzeitig befiehlt: Zieh deine Schuhe aus!
Lege das Alte ab. Lass deine Zukunft nicht von dem bestimmen, was
du bisher erlebt hast, sondern vertraue mir. Ich will dich in ein Land
aus Milch und Honig führen.

Was verspricht Gott da Mose eigentlich? Beides, Milch und Honig,
werden von jemand anderem erzeugt und nützen dir nichts, wenn
du nichts dafür tust. Die Milch dient ursprünglich dem Kalb als Fut-
ter. Erst wenn sich der Bauer die Mühe macht, die Milch vorher zu
melken, hat er etwas davon. Die Milch steht für zahlreiche verschiedene Produkte, die aus ihr entstehen werden. Aber sie steht eben
auch für den Arbeitsvorgang des Melkens. Man kann die Milch als
ein Sinnbild für Grundnahrungsmittel und Versorgung sehen und
Honig dem gegenüber stellen. Honig steht für den Genuss. Er ist
nicht zum reinen Überleben notwendig. Aber er macht das Leben
schöner, angenehmer, reizvoller. Ähnlich wie bei der Milch braucht
auch der Honig jemanden, der ihn aufbereitet. Ohne die Arbeit des
Imkers hast du am Honig nicht viel Freude. Zusammenfassend verspricht Gott eine umfassende Versorgung und eine Arbeitsteilung,
kein Schlaraffenland.

Passend zu dieser Grundhaltung formuliert Gott auch seinen Auftrag an Mose: »*... geh nach Ägypten, Mose! Ich sende dich ...!*« Gott
bleibt bei der Arbeitsteilung. Und Mose ist vollkommen begeistert.
Hoch motiviert antwortet er Gott: Yeah, endlich weg von den Schafen! Da mache ich mich gleich auf den Weg ... Nein, das wäre Hol-

lywood, aber nicht die Bibel. Dazu sind die Menschen in der Bibel viel zu menschlich. Mose ist nicht begeistert. Er dreht und windet sich. Er formuliert fünf Argumente, um diesen Auftrag wieder loszuwerden:

Wer bin ich schon?

Wer bist du eigentlich?

Sie werden mir nicht glauben!

Ich kann das gar nicht!

Schick einen anderen![1]

Ich finde es besonders spannend, wie Gott diesen Zweifeln begegnet. Mose zweifelt an seinen Fähigkeiten. Wer bin ich schon, dass ich kleiner Mose zum großen Pharao gehen könnte? Das sind so die Momente im Leben, in denen irgendein Freund es gut mit dir meint und sagt: »Hey Kopf hoch, mach dich mal nicht so klein!« Genau das macht Gott nicht. Im Grunde genommen bestätigt er Mose sogar in seiner Haltung. Aber Mose soll sich nicht den Kopf darüber zerbrechen, wie klein er ist. Gott selbst steht hinter ihm. Es reicht, dass Gott groß ist. Es ist so logisch und doch oft so schwer, zu begreifen.

Als wir in unserer Gemeinde die zweite Umbauphase hatten, weil wir für die bestehenden Räume zu groß wurden und keine Nutzungsgenehmigung hatten, benötigten wir zum ersten Mal die fachmännische Unterstützung durch einen Architekten. Ich bin ihm heute noch sehr dankbar, dass er uns unterstützt und unseren Antrag bearbeitet hat. Aber bevor es so weit war, hatten wir ein spannendes Gespräch. Er erklärte mir, dass unsere Situation bei der Stadt nicht gut sei. Wir hatten bereits eine Absage des zuständigen Amtes

---

1 Leo Bigger beschreibt diese fünf ›Aber‹ aus 2. Mose 3,11 – 2.Mose 4,17 ausführlich in seinem Buch ›Hallo Zukunft‹, erschienen im Brunnen Verlag 2010, in Kapitel 3: ›Überwinde deine Zweifel‹.

bekommen. Er kam ziemlich niedergeschlagen zu mir und teilte mir mit, dass wir jetzt keine Chance mehr hätten und uns etwas anderes suchen sollten. Ich gab ihm damals eine Antwort, über die ich heute noch selber überrascht bin: »Kommt Zeit, kommt Genehmigung! Es stimmt, wir haben keine Chance, aber Gott steht hinter uns. Die Genehmigung wird kommen!« Diese Aussage genügte unserem Architekten, dass er bereit war, die ganze Arbeit auf sich zu nehmen und den offiziellen Antrag auszuarbeiten. Die Genehmigung kam.

Ich halte nichts davon, sich selbst klein zu reden. Aber manchmal tut es uns gut, wenn wir kapieren, wie klein wir sind, damit wir die Hilfe unseres unendlich großen Gottes in Anspruch nehmen.

Mose kommt aber immer noch nicht über seine Zweifel hinweg: Sie werden mir nicht glauben! Ich finde, ein ziemlich gutes Argument, denn es klingt recht logisch: »Hallo Leute, ich bin der Mose. Ich war jetzt mal vierzig Jahre weg, aber Gott ist mir in einem brennenden Dornbusch erschienen. Ich bin zwar eigentlich ein ziemlicher Niemand, aber der Gott eurer Vorfahren, der sich jetzt 400 Jahre nicht mehr gemeldet hat, steht hinter mir. Deshalb gehe ich jetzt zum mächtigsten Herrscher der Welt und teile ihm mit, dass ich mit insgesamt zwei Millionen Menschen losmarschieren werde. Aber das ist nicht weiter tragisch, weil das ja nur deine kostenlosen Arbeitskräfte sind, ohne die du deine Prunkbauten in Zukunft vergessen kannst.«

Also, *meine* Antwort für diesen Mose wäre gewesen: »Ich glaube dir nicht!« Moses Argument war gut und stimmig. Und Gott reagiert köstlich darauf. »*Da fragte ihn der Herr: ›Was hast du da in der Hand?‹ ›Einen Stab‹, erwiderte Mose. ›Wirf ihn auf den Boden!‹, befahl der Herr. Mose gehorchte, und sofort verwandelte sich der Stab in eine Schlange. Voller Entsetzen lief Mose weg. Der Herr aber forderte ihn auf: ›Pack die Schlange beim Schwanz!‹ Mose griff nach ihr, und sie wurde in seiner Hand wieder zum Stab.* (2. Mose 4,2-4)

Manchmal hat Gott schon einen krassen Humor. »Was hast du da in der Hand?« Ist Gott etwa kurzsichtig? Hat Er ein Augenproblem oder was möchte Er damit sagen? Ich glaube nicht, dass Gott nicht weiß, was Mose da in der Hand hält. Aber Mose hat es vergessen.

DER HIRTENSTAB

Mose hat in seiner Hand einen Hirtenstab. Das ist nicht so außergewöhnlich, wenn man bedenkt, dass Mose seit vierzig Jahren Hirte ist. Aber ihm geht es wie so vielen von uns. Wenn man etwas ziemlich lange mit sich herumträgt, vergisst man es. Man weiß gar nicht mehr, was man da in der Hand hat. Das können seelische Dinge aus der Vergangenheit sein: Verletzungen, Erinnerungen, Kränkungen, Enttäuschungen …. Oft ist man ja sogar froh, wenn man daran nicht ständig denkt. Aber in diesen Fällen wäre es doch sehr viel sinnvoller, sie abzulegen, als unbemerkt mit sich herumzutragen.

Manchmal geht es aber gar nicht um negative Dinge. Wie Mose vergessen wir, was wir für ein Potential in unseren Händen halten. Der Hirtenstab ist ein krasses Symbol. Seit einigen Jahren halte ich bei unseren Leitern ein Seminar mit dem Titel ›Das Hirtenprinzip‹. Die Grundlagen und die Idee dazu stammen aus einem Buch (›Das Hirtenprinzip‹, Kevin Leman/William Pentak, erschienen im Gütersloher Verlagshaus). Es geht um ein Prinzip, wie man eine Gruppe über einen längeren Zeitraum erfolgreich leiten kann. Dabei stehen dem Leiter verschiedene Managementtools zur Verfügung. Diese sind aus der Praxis des Hirtendaseins entnommen. Eines dieser Leitungstools ist der Hirtenstab.

Der Stab ist ein Gerät zum Führen. Man kann eine große Herde Schafe über weite Strecken führen, indem man die Leitschafe mit dem Stab führt. Dabei werden die Leitschafe mit der Spitze des Stabes an verschiedenen Körperstellen angetippt und sie wissen, wohin sie zu laufen haben. Der Stab erinnert den Hirten immer wieder daran, wo er sich selbst befinden muss. Das Leiten mit dem Stab zwingt ihn, vor seiner Herde her zu gehen und in Berührungsnähe zu bleiben. Schafe verirren sich nicht aus Bosheit. Sie schauen auf den Boden vor sich und fressen Gras. Weil sie nur ein paar Meter weit scharf sehen können, merken sie manchmal nicht, dass die Herde sich entfernt. Bei einem Leitschaf hätte das verheerende Folgen.

Neben dem Führen der Schafe benutzt man den Hirtenstab auch noch als Hilfsmittel. Tiere, die sich in einem Gebüsch oder einer Kuhle verfangen haben, kann man mit der gekrümmten Seite des Stabes wieder herausziehen. Gott erinnert Mose also daran, welche Möglichkeiten er in seiner Hand hält. Bereits in seiner Kindheit hat er eine extrem gute Ausbildung am Königshof genossen. In Mose schlummert das Potential zu einem großartigen Leiter. Er wird nicht nur mit den Schafen gut zurechtkommen, sondern sich auch im Umgang mit dem Volk Israel als ein guter Leiter erweisen.

Den Stab soll Mose auf den Boden werfen und es wird eine giftige Schlange daraus. Wenn Mose das Potential seiner Leiterschaft nicht ergreift, wenn er seine Begabung sprichwörtlich einfach liegen lässt, wird etwas Giftiges daraus. Ich bin immer wieder zutiefst berührt, welche Wahrheiten in diesen biblischen Berichten stecken. Wenn wir Menschen unsere von Gott geschenkten Gaben nicht im Sinne seines Planes einsetzen, werden sie für viele zu Gift. Wie oft erleben wir, dass hochbegabte Künstler über ihre Begabung stolpern und sich durch Drogenmissbrauch vergiften.

Die Begabung weglegen: Genau das war Mose passiert, als er aufgrund des Mordes an dem Ägypter aus seiner vertrauten Umgebung fliehen musste. Vierzig Jahre lang kamen nur Schafe in den Genuss seiner Begabung. Jetzt verlangt Gott etwas Irrwitziges von ihm: Pack die Schlange beim Schwanz!

Niemand, der auch nur einen Funken Verstand im Kopf hat, würde eine giftige Schlange am Schwanz packen. Schlangen packt man im Genick und drückt so auf den Kieferknochen, dass sie nicht mehr beißen können. Eine Giftschlange am Schwanz zu packen, ist ein kleines bisschen Selbstmord. Aber genau das verlangt Gott von Mose. Es geht nicht nur darum, dass er seine Leiterschaftsgabe wieder aufgreift, dass er irgendwo wieder aktiv wird. Gott schickt ihn ausgerechnet genau an den Ort, an dem Mose am meisten zu befürchten hat.

Und wieder sehe ich da Parallelen zu unserem Leben. Extrem oft beginnt unsere Widerherstellung, das Gesundwerden, das Wiederaufgreifen einer Gabe genau an dem Ort, an dem wir am meisten zu befürchten haben. Menschen wurden von Kirchen verletzt und finden den Sinn ihres Lebens, den Ort, an dem sie ihre Begabung ausleben können, wieder in einer Kirche. Menschen wurden zutiefst durch ihre Eltern verletzt und erleben Widerherstellung in dem Moment, indem sie selbst Eltern werden. Mir erscheint es so, als ob Gott diesen Weg recht häufig mit Menschen geht.

Packe das Gift in deinem Leben am Schwanz! – Das braucht Vertrauen! Dazu musst du dich auf diesen Gott einlassen. Die krassesten Erlebnisse in der Bibel sind keine Lippenbekenntnisse. Da haben Menschen wirklich alles riskiert und sich diesem Gott anvertraut. So ging es schließlich auch Mose. Am Ende seiner Zweifel traf er die Entscheidung, Gott zu vertrauen.

DIE ENTSCHEIDUNG

Der Pharao reagierte, wie zu erwarten war. Er lehnte den Wunsch von Mose ab. Dennoch wagte Mose, den Auftrag Gottes genau so auszuführen, wie er es ihm vorgegeben hatte. Es begann ein längerer Entscheidungsprozess. Für Außenstehende mit unserer heutigen Perspektive wirkt dieser Prozess ein wenig wie Pingpongspielen.

Mose kündigt eine Plage an.

Gott bewirkt diese.

Der Pharao fleht und verspricht, dass er Mose ziehen lässt, wenn die Plage aufhört.

Mose betet. Die Plage hört auf.

Der Pharao vergisst, was er versprochen hat, und bleibt stur.

Dieses Spiel wiederholt sich insgesamt neunmal. Erst bei der zehnten Plage ändert sich etwas. »*Der Herr sprach zu Mose: ›Nun werde ich den Pharao und sein Volk noch ein letztes Mal strafen. Danach wird er euch von hier wegziehen lassen, ja, er wird euch regelrecht fortjagen!*‹« (2. Mose 11,1)

Hier, an dieser Stelle geschieht etwas Wichtiges für die Perspektive Ewigkeit. Gott geht mit seinem Rettungsplan in die nächste Stufe. Bis jetzt ging es ja um einen Mann und ein ausgewähltes Volk. Aber Gott kündigt nun an, wie sich der Rettungsplan auf die gesamte Menschheit ausdehnen wird. Er kündigt die zehnte Plage und die Möglichkeit zur Rettung an.

PASSAH

»*Noch in Ägypten sagte der Herr zu Mose und Aaron: ›Dieser Monat soll für euch von nun an der erste Monat des Jahres sein. Richtet den*

Israeliten aus: Am 10. Tag dieses Monats soll jeder für seine Familie ein Lamm auswählen. Wenn eine Familie aber für ein ganzes Lamm zu klein ist, soll sie sich mit ihren nächsten Nachbarn zusammentun. Es sollen so viele Menschen von dem Lamm essen, dass es für alle reicht und nichts davon übrig bleibt. Sucht einjährige, männliche Tiere ohne Fehler aus; es können Schafe oder Ziegen sein. Bis zum 14. Tag des 1. Monats müsst ihr sie gesondert halten. Dann sollen alle, die zur Gemeinschaft der Israeliten gehören, die Passahlämmer in der Abenddämmerung schlachten. Sie sollen etwas vom Blut der Tiere in einer Schale auffangen und es an die Pfosten und oberen Türbalken der Häuser streichen, in denen sie das Lamm essen. Noch in derselben Nacht müssen sie das Fleisch über dem Feuer braten. Dazu sollen sie bittere Kräuter essen und Brot, das ohne Sauerteig gebacken ist. Ihr dürft das Fleisch nicht roh oder gekocht essen; es muss über dem Feuer gebraten sein, und zwar das ganze Tier mit Kopf, Unterschenkeln und Eingeweiden. Lasst nichts bis zum nächsten Morgen übrig, sondern verbrennt das restliche Fleisch! Beeilt euch beim Essen! Ihr sollt für die Reise angezogen sein, Sandalen tragen und eure Wanderstäbe in der Hand halten. So sollt ihr das Passahfest für mich, den Herrn, feiern. In dieser Nacht werde ich durch Ägypten gehen und jeden ältesten Sohn einer Familie töten und auch jedes erstgeborene Tier. Ich werde mein Urteil an allen Göttern Ägyptens vollstrecken, denn ich bin der Herr! Das Blut an den Türpfosten eurer Häuser aber wird ein Zeichen sein, das euch schützt. Wenn ich das Blut sehe, will ich euch verschonen. Ich werde die Ägypter strafen, doch an euch wird das Unheil vorübergehen. Diesen Tag sollt ihr niemals vergessen! Feiert an ihm jedes Jahr ein Fest für mich, den Herrn! Dies gilt jetzt und für alle kommenden Generationen.«« (2. Mose 12,1-14)

Stell dir vor, vor einiger Zeit lief ich einmal durch Reutlingen, das Wetter genießen, ein bisschen shoppen, Eis essen. Um zu meinem Auto zurück zu kommen, musste ich die vierspurige Hauptstraße überqueren. Im Feierabendverkehr von Reutlingen kann das länger dauern. Ich stand also an der Ampel und ein leicht getunter Amischlitten stand direkt vor mir und wartete ebenfalls. Auf einmal fiel mir auf, was an seinem Rückspiegel hing: ein Plüschjesus. Schon beim Schreiben dieses Wortes zuckt alles in mir zusammen. Es war so eine richtig kitschige Plüschfigur, die alle Klischees in Bezug auf Jesus erfüllte.

Das Auto, der Fahrer, der Plüschjesus, alles zusammen wirkte wie eine einzige Karikatur. Als er schon lange weitergefahren war und ich mittlerweile in meinem eigenen Auto saß, fiel mir auf, was mich an der Situation eigentlich so irritierte. Diese Karikatur spiegelte eine Wirklichkeit wieder. Für viele Menschen ist Gott so eine Art Kuscheltier. In den romantischen Momenten des Lebens klammert man sich gerne an dieses Bild vom lieben, alten Mann im Himmel.

Wie gehen wir mit Plüschtieren um? Meistens liegen sie nutzlos in einer Ecke herum. Benutzt werden sie in erster Linie in Zeiten, in denen wir schlafen und träumen. Genau so wird Gott oft betrachtet. Gott ist etwas für Schläfer und Träumer und irgendwie etwas Nettes, das unser Leben schmückt, aber nicht wirklich benötigt wird. Das ist nicht Gottes Anspruch. Er möchte ernstgenommen werden. Und wenn es um seinen Rettungsplan geht, ist es ihm extrem ernst.

Jeder erstgeborene Sohn und alles erstgeborene Tier sollte getötet werden. Das ist seine Ankündigung. Die Tatsache, Israelit zu sein, stellt keinen Schutz oder eine Verschonung dar. Der Schutz liegt im Blut des Lammes. Nur wer die Anordnung Gottes befolgt, seinen Türrahmen mit diesem Blut zu bestreichen, wird verschont. Das

Spannende daran ist, wenn ein Israelit das Blut nicht in Anspruch nimmt, wird er nicht verschont. Wenn ein Ägypter von der Möglichkeit gewusst hätte und das Blut in Anspruch genommen hätte, wäre er auch verschont geblieben.

Hier zeigt Gott schon ganz früh, wie viele Jahrhunderte später die Erlösung durch Jesu Blut »funktionieren« wird. Wer das Blut in Anspruch nimmt, wird gerettet. Wer es nicht macht, wird nicht errettet. Das ist ein Schwarzweißdenken, an dem sich die Geister und viele Menschen scheiden. Aber genau so stellt es Gott in der Bibel vor und er möchte ernstgenommen werden. Alles kam genau so, wie er es angekündigt hatte. Sehr viele starben. Der Pharao gab nach und Mose verließ mit etwa zwei Millionen Menschen Ägypten.

DIE ZEHN GEBOTE

In der Bibel finden wir einige immer wiederkehrende Grundmuster. Eines davon ist die Arbeitsteilung, die Gott in seinem Rettungsplan mit uns Menschen vorgesehen hat. Es braucht definitiv einen Gott, der Wunder tut, damit das Volk Israel Ägypten verlassen kann. Er teilt das Rote Meer. Er versorgt sein Volk mit Essen und lässt Wasser aus Steinen in der Wüste hervorkommen. Ohne Gottes wundersames Eingreifen wäre Israel nicht aus der Sklaverei herausgekommen. Aber es brauchte auch ein Volk, das bereit war aufzustehen, Gottes Anweisungen zu folgen und sich auf den Weg zu machen. Ohne die Bereitschaft, das Risiko einzugehen und Gott nachzulaufen, wäre Israel nicht aus der Sklaverei herausgekommen. Gott sucht das Miteinander. Er ist bereit seinen Teil beizutragen, aber wir haben auch einen Teil. Daran hat sich bis heute nichts geändert. Aus welcher Perspektive wir die Ewigkeit auch betrachten mögen, solange es eine biblische Perspektive ist, geht es immer um ein ›Wir‹, ein Miteinander, Gott *und* Mensch!

Mose machte eine zweite Begegnung mit dem Horeb, dem »Berg Gottes«. Hier hatte er den brennenden Dornbusch gesehen. Hier hatte von Gott einen Auftrag und eine neue Identität bekommen und nun stand er wieder dort. Dieses Mal hatte er allerdings ein ziemlich großes Volk im Schlepptau.

»Mose bestieg den Berg, um Gott zu begegnen. Der Herr rief ihm vom Berg aus zu: ›Richte den Israeliten, den Nachkommen Jakobs, diese Botschaft von mir aus: Ihr habt selbst gesehen, was ich mit den Ägyptern gemacht habe. Ich habe euch sicher hierher zu mir gebracht, wie ein Adler, der seine Jungen trägt. Wenn ihr nun auf mich hört und euch an den Bund haltet, den ich mit euch schließen will, dann werde ich euch aus allen Völkern auserwählen. Mir gehört die ganze Welt, aber ihr seid in besonderer Weise mein Eigentum. Ja, ihr sollt ein heiliges Volk sein, das allein mir gehört. Als königliche Priester sollt ihr mir dienen! Sag dies den Israeliten weiter!‹« (2. Mose 19,3-6)

Ich werde immer wieder gefragt, warum Israel so etwas Besonderes ist. Und ich vermute, diese Frage hat einige der umfangreichsten theologischen und ethnischen Diskussionen weltweit ausgelöst. Meine ganz persönliche Meinung ist, es ging gar nicht um Israel. Gott ging es von Anfang an um seinen Rettungsplan mit uns Menschen. Er begann mit einem Mann und er setzte diesen Plan fort. Die logische und somit vielleicht auch theologische Konsequenz ist, dass er diesen Rettungsplan mit den Menschen fortsetzt, die er dafür ausgesucht hat. Interessanterweise stellt Gott seine Auswahl in einen Konditionalsatz: *»Wenn ihr nun auf mich hört und euch an den Bund haltet, den ich mit euch schließen werde ...«* (2. Mose 19,5). Wenn! Das eröffnet die Möglichkeit, dass Israel sich daran hält, aber eben auch, dass es sich nicht daran hält. Und da ist wieder eines dieser Grundmuster in der Bibel. Gott hat einen Plan. Er möchte diesen voran bringen. Aber Abraham hatte die Möglichkeit nein zu sagen. Israel hatte die Möglichkeit nein zu sagen. Und auch wir haben die Möglichkeit, uns zu entscheiden. Die Perspektive Ewigkeit der Bibel beinhaltet immer eine Wahlmöglichkeit. Es geht um Freiwilligkeit.

Mose sprach mit dem Volk. Alle waren sich einig. Sie wollten den Bund mit Gott. Daraufhin ordnet Gott eine dreitägige Vorbereitungszeit an. Das Volk Israel soll sich am Berg Horeb versammeln. Und dann bittet er Mose mit Aaron zu sich, um ihnen die zehn Gebote zu übermitteln:

Erstes Gebot: »*Ich bin der Herr, dein Gott; ich habe dich aus der Sklaverei in Ägypten befreit. Du sollst außer mir keine anderen Götter verehren! Fertige dir keine Götzenstatue an, auch kein Abbild von irgendetwas am Himmel, auf der Erde oder im Meer. Wirf dich nicht vor solchen Götterfiguren nieder, bring ihnen keine Opfer dar! Denn ich bin der Herr, dein Gott. Ich dulde keinen neben mir! Wer mich verachtet, den werde ich bestrafen. Sogar seine Kinder, Enkel und Urenkel werden die Folgen spüren! Doch denen, die mich lieben und sich an meine Gebote halten, bin ich gnädig. Über Tausende von Generationen werden auch ihre Nachkommen meine Liebe erfahren.*«

Zweites Gebot: »*Du sollst meinen Namen nicht missbrauchen, denn ich bin der Herr, dein Gott! Ich lasse keinen ungestraft, der das tut!*«

Drittes Gebot: »*Achte den Sabbat als einen Tag, der mir allein geweiht ist! Sechs Tage sollst du deine Arbeit verrichten, aber der siebte Tag ist ein Ruhetag, der mir, dem Herrn, deinem Gott, gehört. An diesem Tag sollst du nicht arbeiten, weder du noch deine Kinder, weder dein Knecht noch deine Magd, auch nicht deine Tiere oder der*

Fremde, der bei dir lebt. Denn in sechs Tagen habe ich, der Herr, den Himmel, die Erde und das Meer geschaffen und alles, was lebt. Aber am siebten Tag ruhte ich. Darum habe ich den Sabbat gesegnet und für heilig erklärt.«

Viertes Gebot: »*Ehre deinen Vater und deine Mutter, dann wirst du lange in dem Land leben, das ich, der Herr, dein Gott, dir gebe.*«

Fünftes Gebot: »*Du sollst nicht töten!*«

Sechstes Gebot: »*Du sollst nicht die Ehe brechen!*«

Siebtes Gebot: »*Du sollst nicht stehlen!*«

Achtes Gebot: »*Sag nichts Unwahres über deinen Mitmenschen!*«

Neuntes und zehntes Gebot: »*Begehre nicht, was deinem Mitmenschen gehört: weder sein Haus noch seine Frau, seinen Knecht oder seine Magd, Rinder oder Esel oder irgendetwas anderes, was ihm gehört.*«[2] (2. Mose 20,2-17)

Diese zehn Gebote haben einen immens wichtigen Stellenwert. Viele Soziologen behaupten, dass nahezu alle Kulturen den Grundtenor dieser zehn Gebote in ihre Wertesysteme aufgenommen haben. Grundsätzlich finde ich das zwar interessant und ich frage mich auch, ob es da etwas tief in uns gibt, das uns dazu veranlasst, nach Gottes Geboten zu leben, auch wenn wir ihn nicht kennen, ein latent vorhandenes Gewissen oder, wie es ein Poet einmal ausdrückte, »ein unendlicher Widerhall des Garten Edens«. Das mag alles sein.

Aber ich denke, in einem Punkt liegen die Soziologen gewaltig daneben. Mögen sich die ethischen Ansätze der Kulturen noch so

---

2 *Viele Ausleger ziehen eine Trennlinie zwischen dem Gelüsten nach der Frau des Anderen (neuntes Gebot) und dem Begehren des Besitzes, wie Haus, Angestellte und Vieh (zehntes Gebot). Hier wird deutlich, dass bereits damals, entgegen der in zahlreichen anderen Kulturen herrschenden Sichtweise, die Frau nicht als Besitz betrachtet wird. Mann und Frau haben einen Bund miteinander. Sie gehören zueinander, werden aber nicht als Besitz verstanden.*

ähnlich sein, am ersten Gebot scheiden sich die Geister. Bevor es Gott um Beziehungen geht, bevor Er irgendwelche moralischen Grundmuster liefert, legt Er fest, wer Er ist und wie Er ist: »Ich bin der eine Gott, der dich aus der Sklaverei geführt hat!«

Er ist ein eifernder Gott, ein Gott, der nicht eine Alternative von vielen sein möchte, einer, dem es nicht genügt, noch eine weitere Möglichkeit zu sein. Er ist der Einzige und diese Stellung lässt er sich durch nichts und niemanden nehmen. Jesus wird viele Jahre später sagen: *»Ich bin der Weg und die Wahrheit und das Leben. Niemand kommt zum Vater als nur durch mich.«* (Johannes 14,6)

Das ist derselbe Anspruch. Das ist die Stimme des selben Gottes. Viele Religionen, Kulturen, Menschen sagen ja zum Grundtenor der zehn Gebote. Sie akzeptieren die moralischen Forderungen. Aber das Zentrum ist Gott, der Einzige. Gott, der keinen anderen Gott neben sich duldet. Gott, der seinen Sohn auf die Erde schickt und behauptet: Es gibt keinen anderen Weg zum Vater, außer den Sohn Jesus. Genau diesen Punkt lehnen so viele Menschen ab, aber um diesen Punkt geht es Gott an erster Stelle.

Die zehn Gebote haben eine Struktur: Gott klärt, wer er ist (1.), wie wir zu ihm stehen sollen (2. und 3.), wie wir zueinander stehen sollen (4. bis 10. Gebot). Das macht es für Jesus später auch so einfach, die Gebote für uns Menschen ganz einfach zusammenzufassen: *»Jesus antwortete ihm: ›Du sollst den Herrn, deinen Gott, lieben von ganzem Herzen, mit ganzer Hingabe und mit deinem ganzen Verstand! Das ist das erste und wichtigste Gebot. Ebenso wichtig ist aber das zweite: Liebe deinen Mitmenschen wie dich selbst! Alle anderen Gebote und alle Forderungen der Propheten sind in diesen Geboten enthalten.‹«* (Matthäus 22,37-40)

Damit klärt Jesus, wer Gott ist, nämlich derjenige, der unsere komplette Liebe unsere Hingabe mit all unseren Gefühlen, unserem Handeln und unserem Verstand verdient hat. Und Jesus klärt unsere Beziehung zu den Mitmenschen.

Manchmal machen Menschen so einen krassen Unterschied zwischen dem Alten und dem Neuen Testament. Mir gefällt es, dass sich Gott dabei definitiv nicht verändert hat. Er ist und bleibt derselbe. So wie er sich im Alten Testament dem Volk Israel präsentiert, begegnet er uns im Neuen Testament durch Jesus. Das ist definitiv geblieben. Und doch gibt es einen gewaltigen Unterschied zwischen den beiden Teilen der Bibel.

Ich habe in diesem Kapitel ziemlich weit ausgeholt, aber ich möchte zurückkommen auf unser eigentliches Thema, die Perspektive Ewigkeit. Die zehn Gebote und der Weg dorthin spielen dabei eine wichtige Rolle. Sie lieferten die Grundlage für die Perspektive Ewigkeit des Volkes Israel und der Menschen jüdischen Glaubens bis heute. Die zehn Gebote lieferten den Rahmen, um Gerechtigkeit zu erlangen. Wer alle Gebote immer einhält, erfüllt das Ziel des Lebens. Für denjenigen gibt es keine Zielverfehlung, keine Sünde und deshalb hat er sich das ewige Leben verdient. Das ist die Theologie auf dem Stand dieses ersten Bundes, den Gott mit den Menschen geschlossen hat. Die Grundaussage ist: *Du kannst dir die Ewigkeit verdienen, vorausgesetzt, du machst alles richtig.*

Nun mag diese Haltung im 21. Jahrhundert auf den ersten Blick vielleicht ein wenig befremdlich erscheinen. Aber das ist die Ausgangsbasis des ersten Bundes und das ist die Haltung, die extrem viele Menschen auch heute noch haben. Diese Haltung führte bei mir selber zu dem Gottesbild, das ich bereits im ersten Kapitel beschrieben habe. Wenn du etwas falsch machst, bist du raus.

Der jüdische Glaube nennt die zehn Gebote auch schlicht ›das Gesetz‹. Allerdings belassen die Juden es nicht bei diesen zehn Geboten. Mose führte noch eine ganze Menge Gespräche mit Gott und notierte alle Anweisungen Gottes. Wir können diese im Zweiten und Dritten Buch Mose alle einzeln finden. Insgesamt gibt es über 600 Gesetze. Dazu kommen noch beinahe unzählbare Erläuterungen und Erweiterungen. Das Gesetz! Das Volk Israel versuchte nun, auf dieser Basis zu leben und mit Gott unterwegs zu sein.

SEGEN ODER FLUCH

Den krönenden Höhepunkt des Bundes mit Gott finden wir im Fünften Buch Mose. Mose ist wieder einmal, wo auch sonst, am Berg Horeb. Mose spricht nach vierzig Jahren Wüstenwanderung noch einmal zum Volk Israel: *»Hört mir zu, ihr Israeliten! Ich erkläre euch jetzt noch einmal die Gebote und Weisungen, nach denen ihr handeln sollt. Dann werdet ihr am Leben bleiben und das Land einnehmen, das der Herr, der Gott eurer Vorfahren, euch gibt. Fügt meinen Worten nichts hinzu, und lasst nichts davon weg! Haltet euch an alle Gebote des Herrn, eures Gottes, die ich euch weitergebe.«* (5. Mose 4,1-2)

Mose berichtet noch einmal ganz genau über den Auszug aus Ägypten. Er liefert nochmal eine Erklärung zu den zehn Geboten und einigen anderen wichtigen Punkten. Das verheißene Land Kanaan direkt vor Augen, stellt er dann das Volk Israel vor die Wahl: *»Darum sollt ihr euch genau nach allen Geboten richten, die ich euch heute gebe. Liebt den Herrn, euren Gott! Folgt immer seinen Wegen,*

und haltet ihm die Treue! Wenn ihr das tut, wird der Herr alle Völker
Kanaans vertreiben und euch ihr Land geben. Ihr werdet es erobern,
obwohl diese Völker größer und stärker sind als ihr. Das ganze Gebiet
zwischen der Wüste im Süden und dem Libanongebirge im Norden,
zwischen dem Mittelmeer im Westen und dem Euphrat im Osten wird
euch gehören. Ihr werdet dort jeden Flecken Erde erobern, den ihr
betretet. Niemand wird euch standhalten können. Überall wird der
Herr die Menschen vor euch in Angst und Schrecken versetzen. Das
hat er versprochen. Nun müsst ihr euch entscheiden: Wählt zwischen
Segen und Fluch! Der Herr, euer Gott, wird euch segnen, wenn ihr auf
seine Gebote achtet. Doch sein Fluch trifft euch, wenn ihr nicht dar-
auf hört, sondern vom Weg abweicht, den ich euch heute zeige, wenn
ihr anderen Göttern nachlauft, die ihr bisher nicht einmal kanntet.«
(5. Mose 11,22-27)

Segen oder Fluch, beides steht im Raum. Der Mensch kann sich für
das Eine oder das Andere entscheiden. Der Mensch hat die Möglichkeit, seine Perspektive selbst zu wählen. Die Grundlage dazu bilden
die zehn Gebote. Ob das funktioniert?

PERSPEKTIVEN
WECHSEL

TATORT

In der Betriebswirtschaft gibt es einen sehr interessanten Begriff: ›Hidden Champions‹. Dabei geht es nicht um versteckte Pilze. Hidden Champions sind Unternehmen, die sich dadurch auszeichnen, dass sie in ihrer Branche oder ihrem Segment zu den Weltmarktführern gehören, in der Öffentlichkeit aber nicht als solche wahrgenommen werden. In Deutschland gibt es eine ganze Menge dieser Hidden Champions. Ihr Ruhm verblasst hinter den ganz großen Unternehmen, die sich mit Sternen und Ringen schmücken, aber im Hintergrund bilden sie einen erheblichen Anteil des soliden Sockels unserer Wirtschaft.

Als wir vor ein paar Jahren eine Predigtreihe im ICF über Fernsehserien machten, fiel mir auf, dass es solche Hidden Champions auch bei den TV-Produktionen gibt. Einer davon ist definitiv der ›Tatort‹. Für alle, die damit überhaupt nichts anfangen können: ›Tatort‹ ist eine Krimiserie der ARD. Nachdem sich Ende der Sechzigerjahre Krimis immer größerer Beliebtheit erfreuten und die Serie ›Der Kommissar‹ im ZDF zum absoluten Publikumsliebling avancierte, wurde 1970 ›Tatort‹ als Konkurrenz ins Leben gerufen. In mittlerweile knapp 1000 Folgen wurde ›Tatort‹ zur erfolgreichsten deutschsprachigen Krimiserie. Auch wenn die internationale Anerkennung ein wenig fehlen mag, den ›Tatort‹ kann man durchaus als einen Hidden Champion im Bereich der Krimiserien bezeichnen.

Ich war sehr erstaunt, als ich über die Hintergründe und die Macher von ›Tatort‹ recherchierte und folgende interessante Aussagen des Berliner Drehbuchautors Peter Henning über das Erfolgsgeheimnis der Serie fand: »Die Anforderungen an das Produzieren von Tatort und Kirche sind in etwa dieselben. Beide müssen Kriterien für das entwickeln, was in der Gesellschaft wichtig ist.« (Die Aussage wurde im Rahmen eines Generalkonvents der Landeskirche Hannover in Northeim gemacht und vom epd Landesdienst Niedersachsen-Bremen veröffentlicht.)

Dabei lässt ›Tatort‹ kein brisantes Thema aus: Homosexualität, Links- und Rechtsradikalismus, Diskriminierung von Behinderten, Religion, sämtliche emotionsmotivierten Taten wie Mord aus Liebe, Rache, Eifersucht, Habgier und Notwehr! Wenn man die Aussage Hennings auf ihren Kern reduziert, heißt das: *Die Autoren von Tatort interessieren sich für dich.* Alles, was für die Gesellschaft relevant ist, ist auch für ›Tatort‹ relevant und sollte laut Peter Henning auch für Kirchen relevant sein.

Diese Aussage hat mich berührt. Ich weiß nicht, was Peter Henning mit Kirche zu tun hat. Ich kenne weder ihn persönlich noch weitere Aussagen von ihm zum Thema Glaube und Religion. Er war auf diesem großen Kirchenkongress eingeladen, um über seine Arbeit zu reden, und nicht unbedingt, um Kirche zu analysieren. Aber ich finde sein Statement interessant, denn er trifft da einen Nerv bei mir. Erst wenn wir Kirchen uns mit den gesellschaftsrelevanten Themen beschäftigen, sind wir relevant für die Gesellschaft. Das klingt banal, aber uns Kirchen muss man das hin und wieder sagen.

Ich weiß nicht, wie oft ich in den letzten acht Jahren genau über dieses Thema mit anderen Christen gesprochen habe. Ein immer wiederkehrendes Argument ist, dass die Botschaft von Jesus Christus für sich spreche. Sie brauche keine moderne Verpackung. Grundsätzlich stimme ich dem voll und ganz zu. Die Botschaft braucht die Verpackung nicht – aber die Empfänger. Menschen hören einem erst zu, wenn man sie so anspricht, dass sie das, was man sagt, auch verstehen können. »Eure Predigten im ICF sind super unterhaltsam und gut verständlich, aber nicht so tief«, ist eine Aussage, mit der ich immer wieder konfrontiert werde. Nun hat mal ein sehr schlauer Prediger aus Zürich gesagt: »Kritik macht einen bitter oder besser! Du darfst dich entscheiden.« Ich habe mich dafür entschieden, dass Kritik mich besser machen soll.

Dazu ist es meiner Meinung nach zwingend notwendig, sich mit dieser Kritik auseinander zu setzen. Deshalb habe ich mir in vielen Fällen die Mühe gemacht, mir die Kriterien für eine tiefe Predigt mitteilen zu lassen. Wiederkehrende Attribute waren der Gebrauch von Hebräischen Fachbegriffen, nach Möglichkeit in der Ursprungssprache, das Verwenden und Auslegen von Bibelpassagen, Exegese und Kontextualisierung, sowie der Bezug zu Historisch-Kritischen Methoden. Mir fielen ein paar Dinge auf. Zunächst gibt es mittlerweile, Stand 2016, genau fünfzig ICF-Gemeinden mit fünfzig verschiedenen Pastoren und immer wieder wechselnden Predigern. Entweder ist die Aussage »eure Predigten sind nicht tief« also schlichtweg eine Verallgemeinerung, der ich keine allzu große Bedeutung beimessen sollte, oder es gibt tatsächlich einen gemeinsamen Kern, der diese so verschiedenen Prediger irgendwie miteinander zu verbinden scheint. Was könnte ein Element sein, das Kritiker dazu veranlasst, unsere Predigten verallgemeinert über einen Kamm zu scheren?

In Anbetracht dieser Kriterien für eine ›tiefe Predigt‹ kam mir ein weiterer Aspekt in den Sinn. Gemessen an diesen Kriterien war Jesus ein grottenschlechter Prediger. Er hatte gar keinen Tiefgang.

»Ein Mann hatte zwei Söhne ...«

»Ein Weinbergbesitzer ging in ein anderes Land ...«

»Da war ein Hirte, der hatte 100 Schafe ...«

Jesus hat einfach Geschichten erzählt. Seine Predigten zeigten so gravierende Mängel auf. Wo war die Exegese? Wo blieb die Hermeneutik, wenn er aus Jesaja vorlas? Warum fehlen die Hinweise auf Mängel in der Übersetzung? Wo waren die historisch-kritischen Anmerkungen ans Alte Testament? Sogar in der Dogmatik verzichtet Jesus auf stichhaltige Argumente: »Es steht geschrieben ...«. »Ich aber sage euch ...«. Jesus hatte offenbar einen anderen Ansatz beim Predigen. Er griff gesellschaftsrelevante Themen auf. Er verwendete Beispiele aus dem Alltag der Menschen um ihn herum: Landwirtschaft, Familie, das Königshaus, ... Jesus begegnete den Menschen so, dass sie ihn verstehen konnten.

Ich wage keine Analyse über fünfzig verschiedene ICF-Prediger und ihrer zahlreichen Predigten, von denen ich vermutlich den weitaus größeren Anteil nicht gehört habe. Aber ich habe das Gefühl, dass wir mit einem ganz ähnlichen Ansatz wie Jesus unterwegs sind. Wir verwenden Geschichten und tagesaktuelle Themen, um den Menschen die Botschaft von Jesus Christus weiter zu vermitteln. Das mag so manch einem Kritiker als nicht tief erscheinen. Ich bin aber davon überzeugt, dass es für viele Menschen die einzige Möglichkeit ist, das Evangelium vermittelt zu bekommen.

Genau deshalb darf Kirche auch nach 2000 Jahren nicht aufhören, ihre Botschaft zeitnah, modern und eben für unsere Gesellschaft relevant zu präsentieren, so wie der ›Tatort‹.

Wir sind immer noch dabei, uns die verschiedenen Perspektiven anzuschauen, mit denen wir die Ewigkeit betrachten können. Wir versuchen, die verschiedenen Kameraeinstellungen einzunehmen, die uns die Bibel liefert. In diesem Kapitel möchte ich die Serie ›Tatort‹ nun auch als Aufhänger benutzen, um den zentralsten Punkt der Bibel zu erklären.

Wie am Anfang bereits erwähnt, besteht die Bibel aus 66 einzelnen Büchern, 39 im Alten Testament und 27 im Neuen Testament. Ihre jeweiligen Aussagen sind so umfangreich, dass man hunderte von Büchern darüber schreiben könnte und immer noch nicht alles abdecken würde. Um einen besseren Überblick zu bekommen, wage ich dennoch eine kleine, sehr unvollständige Zusammenfassung.

Im Alten Testament finden wir Aussagen über:
die Entstehung der Erde: Gott stellt sich als unser Schöpfergott vor. Die Kernaussage ist nicht unbedingt, »wie hat Er es gemacht«, sondern in erster Linie, »wer hat es gemacht«.
die Rolle des Menschen: Der Mensch wurde als Ebenbild Gottes, ein Gegenüber von Gott, geschaffen. Er schuf den Menschen als Mann und Frau und gab den beiden einen gemeinsamen Auftrag. Der Mensch sollte sich fortpflanzen, die Erde bebauen und bewahren.
die Sünde: Der Mensch hat das Ziel seines Lebens verfehlt, das Ziel, in Gemeinschaft mit Gott nach seinen Geboten zu leben. Die fortwährende Zielverfehlung des Menschen beruht auf einer Entscheidung. Wir leben nicht mehr das Leben, wie Gott es vorgesehen hat.
Gottes Verhältnis zu den Menschen: Gott hat nach wie vor Interesse daran, dass die gesamte Schöpfung inklusive des Menschen wieder in die anfangs gedachte Ordnung zurückfindet. Er beginnt seinen Heilsplan mit der Schöpfung. Gott schließt einen einseitigen Bund

mit Abraham und einen zweiseitigen Bund mit Mose und dem Volk Israel. Der Mensch hat immer die Möglichkeit, selbst zu entscheiden. Er kann wählen: Segen oder Fluch.

Gottes Verhältnis zu Israel: Das Alte Testament liefert einen sehr ausführlichen Bericht darüber, wie und warum das Volk Israel von Gott ausgewählt wird. Gott möchte am Volk Israel allen Völkern ein Beispiel geben. Israel als der weitere Baustein in Gottes Rettungsplan, der Auszug aus Ägypten, die Landeinnahme in Kanaan, Staatenbildung und Leiterschaftsmodelle sind Schwerpunktthemen.

Sturheit und Ungehorsam Israels: Das Volk Israel wird in allen Bereichen zu einem Beispiel für alle Völker, nicht nur durch seinen Teil an der Heilsgeschichte, sondern leider auch durch die charakterlichen Schwächen, die sich über die Jahrhunderte durch das Volk ziehen. Immer und immer wieder lehnt es sich gegen Gott auf. Die Israeliten gehen ihre eigenen Wege, leben nach ihren eigenen Wert- und Moralvorstellungen und kümmern sich erst um Gott, wenn die eigenen Wege wieder einmal schief gegangen sind. Das Alte Testament ist voll von Gesetzen, Anordnungen, Zusagen und Prophetien. Da kann man das ganze Leben lang lesen, auslegen und streiten!

Im Neuen Testament finden wir Aussagen über:
Jesus: Vier verschiedene Männer berichten in vier verschiedenen Biografien über das Leben und Wirken von Jesus. Drei davon, Matthäus, Markus und Lukas, schreiben sehr ähnlich. Sie haben eine nahezu identische Sichtweise auf das Erlebte. Deshalb werden sie Synoptiker (griechisch: gleiche Sichtweise) genannt. Allerdings wenden sie sich jeweils an einen etwas anderen Leserkreis. Der vierte Bericht stammt von Johannes und unterscheidet sich ganz gewaltig von den anderen. Johannes verfolgt mit seinem Bericht eine andere

Absicht und wählt andere zeitliche Abfolgen und Reihenfolgen.

die ersten Christen: Die Apostelgeschichte berichtet, wie Jesus in den Himmel auffährt und wie er einmal wiederkommen wird. Im Mittelpunkt des Berichtes steht die Entwicklung der Apostel und wie sie den Missionsbefehl Jesu umsetzten. Einige von ihnen werden von Fremden als Christen bezeichnet. Die Botschaft, dass Jesus Christus Gottes Sohn ist, dass er gestorben und wieder auferstanden ist, dass er lebt und wir mit ihm in einer Beziehung leben können, verbreitet sich rasend schnell. Die ersten Christen werden für ihren Glauben verfolgt und getötet. Doch der Druck auf diese Jesusnachfolger verleiht der ganzen Bewegung nur noch mehr Auftrieb.

die ersten Gemeinden: Ein großer Teil des Neuen Testaments besteht aus Briefen an die gerade erst entstandenen Gemeinden. In diesen geht es sehr viel um die Botschaft von Jesus Christus, aber auch um das Zusammenleben und wie man diesem Jesus nachfolgen kann. Das Neue Testament spricht ebenso von Gesetzen, Anordnungen, Zusagen und Prophetien. Auch hier kann man das ganze Leben lang lesen, auslegen und streiten!

Ein lieber Mensch, der mit der Bibel nicht viel am Hut hatte, fragte mich einmal: Da gibt es also das Alte und das Neue Testament. Aber was steht dazwischen? Eine sehr gute Frage! Wenn du die Bibel vorn aufschlägst und einfach blätterst, dann bist du irgendwann beim Buch Maleachi, dann folgt zumeist eine leere Seite. Danach steht bei den meisten Bibeln einfach nur in fetten Buchstaben: NEUES TESTAMENT. Und auf der nächsten Seite geht es schon mit ›Matthäus‹ los. Da ist nichts dazwischen. Und doch behaupte ich, dass das Wichtigste überhaupt *genau dazwischen* steht. Doch dieses Dazwischen ist kein weiteres Buch. Es besteht auch nicht aus Buchstaben. Zwischen dem Alten und dem Neuen Testament steht eine Person: Jesus Christus. Ich behaupte, dass die gesamte Bibel erst dann stimmig wird, wenn wir sie auf Jesus hin lesen. Ich bemerke allerdings, dass man diese Behauptung erklären muss. Da es mir besonders wichtig ist, diese Behauptung auch zu belegen, möchte ich mir die Zeit nehmen und an einigen Beispielen aufzeigen, was ich damit meine.

PROPHEZEIUNGEN ÜBER JESUS

Eine Prophezeiung oder auch Weissagung ist eine Ankündigung von etwas, das in der Zukunft geschehen wird. Der Oberbegriff für mehrere Prophezeiungen ist Prophetie. Der Ausdruck stammt aus dem Altgriechischen: ›propheteia‹, zusammengesetzt aus ›pro‹ (anstelle von, für jemanden) und ›phémie‹ (ich spreche).

Hinter der Prophetie steckt ein göttliches Prinzip. Gott hat für sehr viele Dinge festgelegt, dass sie zuerst durch einen Mund ausgesprochen werden müssen, bevor sie geschehen. Dieses Prinzip wendet Er selber bei der Schöpfung an. »*Und Gott sprach ›es werde‹ und es ward.*« (aus 1. Mose 1). Gottes schöpferischer Wille wurde durch Jesus zum Wort: »*Im Anfang war das Wort und das Wort war bei Gott und Gott selbst war das Wort.*« (Johannes 1,1)

Dieses Prinzip zieht sich bei Gott ganz krass durch. Durch den Propheten sollen Dinge ausgesprochen werden, die dann, im selben Moment oder auch viel später erst eintreffen. Ich weiß bis heute noch nicht, warum Gott sich an dieses Prinzip hält, aber für mich ist es ein Ausdruck seiner Bereitschaft, mit uns zusammenzuarbeiten. Ich sehe die Bedeutung sehr vieler gesprochener Gebete durch dieses Prinzip begründet. Wir sollen Dinge ins Leben hineinsprechen. Unsere Worte haben Macht.

Nun finden wir allein im Alten Testament über 300 Prophezeiungen, die den kommenden Messias betreffen.

Ein Nachkomme Abrahams: »*Da sprach der Herr:* ›*Wie könnte ich Abraham verbergen, was ich tun will, da er doch ein großes und mächtiges Volk werden soll und alle Völker auf Erden in ihm gesegnet werden sollen?*«‹ (1. Mose 18,17-18. Weitere: 1. Mose 12,3; Galater 3,8)

Ein Nachkomme Isaaks: »*Da sprach Gott: Nein, Sara, deine Frau, wird dir einen Sohn gebären, den sollst du Isaak nennen, und mit ihm will ich meinen ewigen Bund aufrichten und mit seinem Geschlecht nach ihm.* (1. Mose 17,19. Weitere: Matthäus 1,2-3.16)

Ein Nachkomme Jakobs: »*Ich sehe ihn, aber nicht jetzt; ich schaue ihn, aber nicht von nahem. Es wird ein Stern aus Jakob aufgehen und ein Zepter aus Israel aufkommen und wird zerschmettern die Schläfen der Moabiter und den Scheitel aller Söhne Sets.*« (4. Mose 24,17. Weitere: Lukas 3,23-34)

Abstammung vom Stamm Juda: »*Es wird das Zepter von Juda nicht weichen noch der Stab des Herrschers von seinen Füßen, bis dass der Held komme, und ihm werden die Völker anhangen.*« (1. Mose 49,10)

Geburtsort Bethlehem: »*Und du, Bethlehem Efrata, die du klein bist unter den Städten in Juda, aus dir soll mir der kommen, der in Israel Herr sei, dessen Ausgang von Anfang und von Ewigkeit her gewesen ist.*« (Micha 5,1)

Geboren von einer Jungfrau: »*Darum wird euch der Herr selbst ein Zeichen geben: Siehe, eine Jungfrau ist schwanger und wird einen Sohn gebären, den wird sie nennen Immanuel.*« (Jesaja 7,14)

Flucht als Kind nach Ägypten: »*Als Israel jung war, hatte ich ihn lieb und rief ihn, meinen Sohn, aus Ägypten.*« (Hosea 11,1)

Dienst in Galiläa und Jordan: »*Doch es wird nicht dunkel bleiben über denen, die in Angst sind. Hat er in früherer Zeit in Schmach ge-*

bracht das Land Sebulon und das Land Naftali, so wird er hernach zu Ehren bringen den Weg am Meer, das Land jenseits des Jordans, das Galiläa der Heiden.« (Jesaja 8,23)

Von den Juden abgelehnt: »*Er war der Allerverachtetste und Unwerteste, voller Schmerzen und Krankheit. Er war so verachtet, dass man das Angesicht vor ihm verbarg; darum haben wir ihn für nichts geachtet.*« (Jesaja 53,3)

Sein Geist der Weisheit und Erkenntnis: »*Auf ihm wird ruhen der Geist des Herrn, der Geist der Weisheit und des Verstandes, der Geist des Rates und der Stärke, der Geist der Erkenntnis und der Furcht des Herrn. Und Wohlgefallen wird er haben an der Furcht des Herrn. Er wird nicht richten nach dem, was seine Augen sehen, noch Urteil sprechen nach dem, was seine Ohren hören, sondern wird mit Gerechtigkeit richten die Armen und rechtes Urteil sprechen den Elenden im Lande, und er wird mit dem Stabe seines Mundes den Gewalttätigen schlagen und mit dem Odem seiner Lippen den Gottlosen töten.*« (Jesaja 11,2-4)

Der Einzug in Jerusalem auf einem Esel: »*Du, Tochter Zion, freue dich sehr, und du, Tochter Jerusalem, jauchze! Siehe, dein König kommt zu dir, ein Gerechter und ein Helfer, arm und reitet auf einem Esel, auf einem Füllen der Eselin.*« (Sacharja 9,9)

Das Jahr seines Todes: »*So wisse nun und gib acht: Von der Zeit an, als das Wort erging, Jerusalem werde wiederaufgebaut werden, bis ein Gesalbter, ein Fürst, kommt, sind es sieben Wochen; und zweiundsechzig Wochen lang wird es wieder aufgebaut sein mit Plätzen und Gräben, wiewohl in kummervoller Zeit. Und nach den zweiundsechzig Wochen wird ein Gesalbter ausgerottet werden und nicht mehr sein.*« (Daniel 9,25-26. Das Kapitel Daniel 9 beschreibt diese Prophezeiung so exakt, dass daraus das Jahr 31 n. Chr. erkannt wird.)

Verkauft für dreißig Silberlinge: »*Und ich sprach zu ihnen: Gefällt's euch, so gebt her meinen Lohn; wenn nicht, so laßt's bleiben. Und sie wogen mir den Lohn dar, dreißig Silberstücke.*« (Sacharja 11,12)

Sein Schweigen während des Prozesses: »*Als er gemartert ward, litt er doch willig und tat seinen Mund nicht auf wie ein Lamm, das zur Schlachtbank geführt wird; und wie ein Schaf, das verstummt vor seinem Scherer, tat er seinen Mund nicht auf.* (Jesaja 53,7)

Seine Kreuzigung an der Seite von Sündern: »*Darum will ich ihm die Vielen zur Beute geben, und er soll die Starken zum Raube haben, dafür daß er sein Leben in den Tod gegeben hat und den Übeltätern gleichgerechnet ist und er die Sünde der Vielen getragen hat und für die Übeltäter gebeten.*« (Jesaja 53,12)

Essig trinken: »*Sie geben mir Galle zu essen und Essig zu trinken für meinen Durst.*« (Psalm 69,22)

Soldaten würfeln um sein Kleid: »*Sie teilen meine Kleider unter sich und werfen das Los um mein Gewand.*« (Psalm 22,19)

Nicht ein Knochen gebrochen: »*Er bewahrt ihm alle seine Gebeine, dass nicht eines zerbrochen wird.*« (Psalm 34,21)

Begraben im Grab eines Reichen: »*Und man gab ihm sein Grab bei Gottlosen und bei Reichen.*« (Jesaja 53,9)

Seine Auferweckung vom Tod: »*Denn du wirst mich nicht dem Tode überlassen und nicht zugeben, dass dein Heiliger die Grube sehe.*« (Psalm 16,10)

Das sind eine Menge Aussagen, die zum Teil 700 Jahre vor der Lebenszeit von Jesus aus Nazareth getätigt wurden. Aber kommen wir zum absoluten Knackpunkt des Ganzen. Mathematisch ist es so: Die Wahrscheinlichkeit, dass acht vorher getätigte Prophezeiungen eintreffen, liegt bereits bei 1:100 Billiarden! Die Wahrscheinlichkeit, dass alle 300 eintreffen: Unmöglich!!! Es sei denn, jemand kannte das Drehbuch!

Diese Erkenntnis müsste eigentlich Fragen aufwerfen. Stell dir einmal vor: Ein ›Tatort‹, der von Anfang an in allen Einzelheiten bekannt ist? Du kennst sämtliche Details zum Opfer, die Vorfahren, Geburtsort, die politischen Umstände, sein Leben, sein Handeln und den Mord. Sogar die Täter sind im Vorfeld bekannt. Was hat das für einen Sinn? Ein bisschen so war das bei den Columbo-Filmen mit Peter Falk. Da wurde auch am Anfang des Films die Tat gezeigt und der Reiz lag nun darin, mit anzuschauen, wie Columbo darauf kam, wer der Täter war. Aber stell dir vor, gleich am Anfang des Films drückt jemand Columbo ein Buch in die Hand und sagt: »Da steht alles drin. Lies es einfach nach.«

Also was hat das Ganze für einen Sinn? Warum ist der gesamte »Fall Jesus« inklusive seiner zahlreichen Wirkungsstätten schon so detailliert vorhergesagt? Jesus beantwortet diese Frage selber: »*Schon jetzt kündige ich es euch an, damit ihr auch dann, wenn es geschieht, ganz sicher wisst: Ich bin der, den Gott gesandt hat.*« (Johannes 13,19)

Alles, was es über den kommenden Messias zu wissen gibt, wurde vorab schon geschrieben, damit es hinterher keinen Zweifel geben sollte, ob er es wirklich ist. Über 300 Prophetien haben sich exakt so erfüllt, damit wir erkennen, wer Jesus ist: das Zentrum von allem!

Ich habe bereits von den vier Evangelien, den Lebensberichten über Jesus, erzählt. Die drei Synoptiker Matthäus, Markus und ganz besonders Lukas erzählen detailliert von der Geburt Jesu und den Umständen zu dieser Zeit. Der vierte Evangelist, Johannes, verzichtet dagegen komplett auf Geburtsfakten. Er beginnt mit einem Text, den manche Theologen als das Zentrum der biblischen Theologie bezeichnen.

»*Im Anfang war das Wort, und das Wort war bei Gott, und Gott war das Wort. Dasselbe war im Anfang bei Gott. Alle Dinge sind durch dasselbe gemacht, und ohne dasselbe ist nichts gemacht, was gemacht ist. In ihm war das Leben, und das Leben war das Licht der Menschen. Und das Licht scheint in der Finsternis, und die Finsternis hat's nicht ergriffen. Es war ein Mensch, von Gott gesandt, der hieß Johannes. Der kam zum Zeugnis, um von dem Licht zu zeugen, damit sie alle durch ihn glaubten. Er war nicht das Licht, sondern er sollte zeugen von dem Licht. Das war das wahre Licht, das alle Menschen erleuchtet, die in diese Welt kommen. Er war in der Welt, und die Welt ist durch ihn gemacht; aber die Welt erkannte ihn nicht. Er kam in sein Eigentum; und die Seinen nahmen ihn nicht auf. Wie viele ihn aber aufnahmen, denen gab er Macht, Gottes Kinder zu werden, denen, die an seinen Namen glauben, die nicht aus dem Blut noch aus dem Willen des Fleisches noch aus dem Willen eines Mannes, sondern von Gott geboren sind. Und das Wort ward Fleisch und wohnte unter uns, und wir sahen seine Herrlichkeit, eine Herrlichkeit als des eingeborenen Sohnes vom Vater, voller Gnade und Wahrheit. Johannes gibt Zeugnis von ihm und ruft: Dieser war es, von dem ich gesagt habe: Nach mir wird kommen, der vor mir gewesen ist; denn er war eher als ich. Und von seiner Fülle haben wir alle genommen Gnade um Gnade. Denn das Gesetz ist durch Mose gegeben; die Gnade und Wahrheit ist durch Jesus Christus geworden. Niemand hat Gott je gesehen; der Eingeborene, der Gott ist und in des Vaters Schoß ist, der hat ihn uns verkündigt.*«* (Johannes 1,1-18)

Im Anfang war das Wort .... Jesus war und ist von Anfang an ein Teil Gottes! Jesus Christus, der Messias, der Sohn Gottes, er kommt in göttlicher Vollmacht. In göttlichem Glanz und göttlicher Herrlichkeit! Jesus, wahrer Gott! Und dann kommt das unfassbare, das unbegreifliche, das theologische Zentrum dieser Bibelbibliothek: »Und das Wort wurde Fleisch«!!! An diesem Punkt entbrennt ein Konflikt. Der Islam bestätigt das Leben und Wirken Jesu. Muslime sehen in Jesus auch einen großen Propheten und sie glauben sogar daran, dass Jesus wiederkommen wird. Aber die Vorstellung, dass Gott Fleisch wird, dass sich der vollkommene Schöpfergott in seine eigene Schöpfung hineinbegibt, ist nicht mit ihrem Gottesbild vereinbar. Aber genau hier liegt der zentralste Punkt des Heilsplans Gottes. Gott hat den Menschen als sein Ebenbild geschaffen. Er hat etwas von sich selbst in den Menschen hineingelegt und diese Schöpfung liebt er so sehr, dass er bereit ist, alles dafür zu tun, seine Schöpfung zu retten.

»Gott nimmt sein Gesetz wichtig, doch der Gesetzesbrecher ist ihm wichtiger. Er ist bereit für ihn zu sterben«, schreibt Vishal Mangalwadi in ›Die offene Wunde des Islam‹. Dieser Gott wird in Jesus wahrer Mensch! – Ein Zimmermann aus Nazareth, gezeugt durch den Heiligen Geist, geboren von der Jungfrau Maria und adoptiert von Josef, einem direkten Nachfahren König Davids, ein Gott zum Anfassen, Anschauen, Ansprechen, Zuhören, Verstehen, Erleben, Lieben ….

Ein Gott auf Augenhöhe. Ein Gott, der dir begegnet. Seine Tatorte, seine Wirkungsstätten sind nicht irgendwelche abgelegenen und abgeschotteten »holy places«. Er geht zum Volk! Jesus begegnet den Menschen bei einer Hochzeit, bei einer Massenveranstaltung am Fuße eines Berges, bei der Speisung Tausender, bei der Wiederbelebung eines Freundes.

Ein Gott, der nicht kommt, um die Pharisäer, die Schriftgelehrten, die Gerechten zu bestätigen. Ein Gott, der sich kreuzigen lässt zwischen zwei Schwerverbrechern! Ein Tatort, bei dem alles schon bekannt war, alles vorhergesagt! Warum? Damit du sicher sein kannst, dass die zentralste Botschaft von der zentralsten Person der Bibel echt ist! Was bedeutet das nun für dich? Der Autor des Tatorts interessiert sich für dich!

PERSPEKTIVEN
WECHSEL ⟳

EWIGE HOFFNUNG

Wir haben unsere Rundreise durch die Bibel zum Thema Perspektive Ewigkeit begonnen, indem wir das erste Buch der Bibel fokussiert haben. Da liegt es nahe, dass wir am Ende dieser Reise einen Blick in das letzte Buch der Bibel werfen, die Offenbarung des Johannes.

Falls du dich noch nie mit diesem Buch beschäftigt hast, möchte ich dir gleich zu Beginn Hoffnung machen. Du kannst dieses Kapitel trotzdem weiterlesen und hoffentlich auch etwas für dich mitnehmen, ganz ohne Vorkenntnisse.

Wir haben uns ausführlich mit der Frage beschäftigt, wie unser Universum und diese Erde entstanden sind. Die viel spannendere Frage, finde ich jedoch, ist, wo es einmal hingehen wird. Es gibt ja massenhaft Theorien, wie diese Erde zugrunde gehen könnte oder auch dazu, was ganz speziell mit dir nach deinem Tod passieren wird.

Und da gibt es zahlreiche Menschen, die behaupten, die Bibel und vor allem die Offenbarung seien auch nicht klarer und eindeutiger als all die anderen Spekulationen und Theorien. Die Aussagen der Offenbarung werden von ihnen oft als nebulös und frei interpretierbar bezeichnet.

Ich versuche grundsätzlich, herauszufinden, was an solchen Behauptungen dran ist und warum Menschen diese machen. Möglicherweise liegt es daran, dass es in der Gesamtheit der Bibel tatsächlich Aussagen gibt, über die man nachdenken muss und die man interpretieren kann. Aussagen, die man auslegen muss, um sie in unserer heutigen Zeit und unserer heutigen Sprache noch so zu verstehen, wie sie zum Zeitpunkt des Schreibens gemeint waren, aber auch, um den zeitlosen Aspekt, der hinter diesen Stellen steht, zu entdecken. Von diesen Aussagen gibt es zum Glück eine ganze Menge, sonst wäre ein großer Teil der Theologen arbeitslos.

Definitiv ist auch die Offenbarung des Johannes ein Buch, das sehr viel Spielraum zur Interpretation liefert. Da gibt es zeitbezogene Aussagen, die für die damaligen Leser mit ihrem gesellschaftlichen Hintergrund eindeutig waren, für uns heute, mit zweitausend Jahren Abstand betrachtet, allerdings sehr befremdlich wirken. Da gibt es Aussagen, die zu allen Zeiten für alle Gläubigen extrem wichtig und hilfreich sind. So beinhalten die sieben Sendschreiben an die verschiedenen Gemeinden Hinweise an christliche Gemeinden zu allen Zeiten, in allen politischen Situationen.

Da gibt es zahlreiche Aussagen über die letzten Tage und das Ende dieser Erde, die wir wirklich nur sehr schwer und mit sehr viel Fantasie auf unsere Lebenszeit hin deuten können. Das haben allerdings schon extrem viele Menschen vor uns in allen Jahrhunderten getan. Dabei sind so viele Fehlinterpretationen gemacht worden, dass ich jedes Mal sehr nachdenklich werde, wenn Menschen oder Gruppen zu »eindeutigen« Auslegungen oder gar Jahreszahlen tendieren.

Möglicherweise gehört auch die Frage nach dem Ende dieser Erde in den Bereich der Auslegbarkeit und der Interpretierbarkeit, aber über das Ende von uns Menschen bleibt die Bibel definitiv nicht unklar. Schauen wir uns Offenbarung 20,11-15 an: »*Ich sah einen großen, weißen Thron und den, der darauf saß. Erde und Himmel konnten seinen Blick nicht ertragen, sie verschwanden im Nichts.*«

Hier ist die Rede von Gott. In der Bibel heißt es, dass wir Menschen den Anblick Gottes nicht ertragen!

»Und ich sah alle Toten vor dem Thron Gottes stehen: die Mächtigen und die Namenlosen.« Die Toten stehen vor Gott. Das bedeutet, sie leben wieder. Sie sind auferstanden. Wie auch immer das geschehen wird, das ist und bleibt ein Wunder. An der Stelle werde ich immer wieder mit der Frage konfrontiert, was mit den Menschen ist, die nie missioniert wurden, die einfach eine schlechte Ausgangssituation hatten. Hier steht, *alle* Toten und ohne Unterschied, die Mächtigen und die Namenlosen. Dann aber nimmt Johannes eine Trennung vor: *»Nun wurden Bücher geöffnet, auch das Buch des Lebens.«*

Da gibt es die Bücher und das Buch des Lebens. Ich stelle mir das so vor, dass es einen großen Stapel und ein dickes Buch gibt. *»Über alle Menschen wurde das Urteil gesprochen, und zwar nach ihren Taten, wie sie in den Büchern beschrieben waren. Das Meer gab seine Toten zurück, ebenso der Tod und sein Reich. Alle, ohne jede Ausnahme, wurden entsprechend ihren Taten gerichtet.«*

In dem Stapel mit den vielen Büchern sind unsere Taten beschrieben. Es kommt alles ans Licht, was wir je gemacht, gesagt oder gedacht haben. Nichts in unserem Leben geschieht im Verborgenen. Ich muss gestehen, diese Vorstellung ist gruselig, wenn ich daran denke, dass alles, was ich im Leben angestellt habe, inklusive meiner Gedanken, in Full HD und Dolby Surround noch einmal vor mir abgespielt wird. *»Der Tod und das ganze Totenreich wurden in den See aus Feuer geworfen. Das ist der zweite Tod.«*

Die Sünde, die Zielverfehlung des Menschen, brachte den Tod in die Schöpfung. Alles muss sterben. Das kennen wir nun mal aus unserem Leben. Wir reden sogar so, als ob es gar nichts anderes gäbe. Zum Leben gehört auch der Tod. Die Bibel lehrt uns aber, dass dieses dualistische Denken nicht der Ursprungsgedanke Gottes war. Wenn der Gerichtstag gekommen ist und das Urteil Gottes vollstreckt ist, wird der Tod aufgehoben! Es geht um die Perspektive Ewigkeit. *»Und alle, deren Namen nicht im Buch des Lebens aufgeschrieben waren, wurden ebenfalls in den Feuersee geworfen.«*

Allerspätestens hier ist Schluss mit Romantik. Was immer dieser Feuersee ist – und ich gebe zu, ich weiß nicht so richtig, ob diese zahlreichen, bildhaften Vorstellungen einer Hölle hier wirklich gemeint sind –, es geht hier definitiv um die Frage, ob du in Ewigkeit mit Gott zusammen bist oder nicht. Die Bibel ist in dieser Aussage hundertprozentig, glasklar und eindeutig.

Der deutsche Ex-Bundeskanzler Gerhard Schröder hat einmal gesagt, er habe als kleiner Junge vor dem Bundestag gestanden und geschrien: »Ich will da rein!« Ich denke, jeder, der die Botschaft der Bibel gehört und verstanden hat, kann nur vor diesem Buch des Lebens stehen und schreien: »Ich will da rein!!!« Ewige Hoffnung dreht sich demnach ganz konkret um die Frage: Wie kommt mein Name in dieses Buch?

DER UNTERSCHIED

Wie kann man einen Christen von einem Nichtchristen unterscheiden? »Schau dir an, wer mehr Spaß am Leben hat, der andere ist der Christ.« ... Spaß! Aber im Ernst, wo liegt der Unterschied zwischen den beiden? In Bezug auf die Ewigkeit sind wir das gerade miteinander durchgegangen. Es gibt ein ›dabei‹ und ein ›nicht dabei‹. Aber wenn wir diese abstrakte Ewigkeit mal beiseitelassen und uns auf das Hier und Heute konzentrieren? Wenn du morgen früh auf der Straße deinem Freund oder deinem Nachbarn, deinem Kollegen oder sogar deinem Feind begegnest: Woran kann man einen Christen erkennen?

»Der Christ ist der bessere Mensch!« Brüller! So denken vielleicht einige Christen über sich selbst. Dieses Denken macht sie dann aber nicht unbedingt sympathischer. »Der Christ verhält sich besser.« Ist das so? Ein Freund von mir hat mal gesagt: »Jesus nachzufolgen, hat aus mir im Laufe der Zeit einen besseren Menschen gemacht.« Das möchte ich gerne auch so stehen lassen. Aber(!) diese Aussage ist doch relativ auf sich selbst bezogen. Er hat sein Verhalten, seinen Lebensstil, seinen Charakter Gott ähnlicher werden lassen, ganz bestimmt, da stimme ich ihm wirklich zu. Das sagt aber nichts darüber aus, ob ein anderer Mensch, der nicht an Jesus glaubt, eventuell noch viel besser lebt. Was aber ist dann der Unterschied?

Ich denke, der Unterschied liegt in der Hoffnung! Ich bin nicht naiv. Mir ist völlig bewusst, dass Menschen, die ihr Leben nicht Jesus anvertraut haben, auch eine Hoffnung haben. Die Frage ist, worauf sie hoffen.

- Darauf, dass alles irgendwie ganz von alleine gut wird?
- Darauf, dass der Zusammenbruch unseres aktuellen Weltsystems erst nach ihrem eigenen Leben kommt?
- Darauf, dass die Menschheit doch noch die unversiegbare Energiequelle findet?
- Dass wir die Natur retten?
- Dass wir durch politisch sozialistische Systeme zu so guten Menschen werden, dass wir unsere globalen Probleme alle in den Griff bekommen und es deshalb keine individuellen Probleme mehr gibt?
- Oder hoffen sie, wie in der immer moderner werdenden Lehre der Buddhisten, dass sie sich irgendwann einmal in Nichts auflösen?

Christen haben eine andere Hoffnung. Ob diese christliche Hoffnung für dich mehr Sinn ergibt als die aufgeführten Punkte, darfst du selber entscheiden! Die absolut legitime Frage ist: Was genau hoffen Christen eigentlich?

Wenn du so eine Frage hast, gibt es im 21. Jahrhundert zahlreiche Möglichkeiten, nach einer Antwort zu suchen. Du kannst die verschiedensten Kirchen kontaktieren, Pfarrer, Pastoren, Religionslehrer oder das Internet befragen. Du kannst in alten Bibliotheken nachforschen oder soziale Netzwerke zur Hilfe nehmen.

Ich möchte dir dazu einen Tipp geben. Jesus selber hat gesagt: Am Ende der Zeit wird es immer mehr Irrlehrer geben. Menschen, die sich als Christen ausgeben und ganz schön dummes Zeug von sich geben. Und genau deshalb ist mein Rat: Wenn du wissen möchtest, was die Hoffnung der Christen ist, suche nicht irgendwo, sondern fang in der Bibel damit an.

Dort berichtet ein Mann, der die ganze Zeit mit Jesus zusammen war, der alles mit ihm erlebt hat, der ihn verleugnet hat und erlebt hat, wie Jesus ihm verzeiht. Sein Name war ursprünglich Simon, doch Jesus gab ihm den neuen Namen Petrus, das bedeutet ›Fels‹.

Dieser Petrus schreibt einen hochinteressanten Brief. Ich glaube, dass dieser Brief etwas Zeitloses hat. Er ist nicht nur an eine ganz bestimmte Gemeinde zu einer ganz bestimmten Zeit gerichtet. Der Petrusbrief des Neuen Testaments wendet sich auch an uns heute, an dich und mich ganz persönlich. Ich möchte das erste Kapitel gerne in der vollen Fassung wiedergeben und habe mir erlaubt, ab und zu anzuhalten.

Der Brief des Petrus, Kapitel 1: »*Diesen Brief schreibt Petrus, den Jesus Christus zu seinem Apostel berufen hat, an alle Christen, die*

als Fremde überall in den Provinzen Pontius, Galatien, Kappadozien,
Asia und Bithynien (und heute bei dir zu Hause; *Anm. d. Autors*)
mitten unter Menschen leben, die nicht an Christus glauben. Ihr seid
Gottes Kinder geworden, weil Gott, unser Vater, euch von Anfang an
dazu auserwählt hat. Durch die Kraft des Heiligen Geistes könnt ihr
jetzt Jesus Christus als euren Herrn anerkennen, weil er am Kreuz
sein Blut für euch vergossen und euch von eurer Schuld befreit hat.
Gott schenke euch immer mehr seine Gnade und seinen Frieden.«

DIE HOFFNUNG DER CHRISTEN

»Gelobt sei Gott, der Vater unseres Herrn Jesus Christus! In seinem
grenzenlosen Erbarmen hat er uns neues Leben geschenkt. Weil Jesus
Christus von den Toten auferstanden ist, haben wir die Hoffnung auf
ein neues, ewiges Leben. Es ist die Hoffnung auf ein ewiges, von keiner
Sünde beschmutztes und unzerstörbares Erbe, das Gott im Himmel
für euch bereithält.« Diese Perspektive auf die Ewigkeit macht mir
Mut! *»Bis dahin wird euch Gott durch seine Kraft bewahren, weil ihr*
ihm vertraut. Aber dann, am Ende der Zeit, werdet ihr selbst sehen,
wie herrlich das unvergängliche Leben ist, das Gott schon jetzt für
euch bereithält.« Das ewige Leben ist nicht eine Sache, die vielleicht
irgendwann einmal eintrifft. Es ist ein neues Leben, das hier, jetzt
und heute beginnen kann.

»Darüber freut ihr euch von ganzem Herzen, auch wenn ihr jetzt noch
für eine kurze Zeit auf manche Proben gestellt werdet und viel erlei-
den müsst. So wird sich euer Glaube bewähren und sich wertvoller
und beständiger erweisen als pures Gold, das im Feuer vollkommen
gereinigt wurde.«

Der Stress, den wir auf der Erde haben, wird also zu etwas Gutem nützen. Unser Glaube wird sich dadurch bewähren. »*Lob, Preis und Ehre werdet ihr dann an dem Tag empfangen, an dem Christus für alle sichtbar kommt. Ihr habt ihn nie gesehen und liebt ihn doch. Ihr glaubt an ihn, obwohl ihr ihn auch jetzt nicht sehen könnt, und eure Freude ist grenzenlos, denn ihr kennt das Ziel eures Glaubens: die Rettung für alle Ewigkeit.*« Das liebe ich so sehr an der Bibel. Petrus ist nicht naiv. Er weiß, dass es manchmal schwer ist, jemandem zu vertrauen, den man nicht sehen kann.

»*Schon die Propheten haben nach dieser Rettung gesucht und geforscht, und sie haben vorausgesagt, wie reich Gott euch beschenken würde. In ihnen wirkte bereits der Geist Christi. Er zeigte ihnen, dass Christus leiden müsste und danach Ruhm und Herrlichkeit empfangen würde. Daraufhin forschten die Propheten, wann und wie dies geschehen sollte. Gott ließ sie wissen, dass diese Offenbarungen nicht ihnen selbst galten, sondern euch.*« Das war das Thema im letzten Kapitel: Der ganze Fall Jesus war vorher schon bekannt, damit wir checken, dass er wirklich Gottes Sohn ist.

»*Nun sind diese Nachrichten euch verkündet worden, und zwar von denen, die euch die rettende Botschaft gebracht haben. Gott erfüllte sie dazu mit dem Heiligen Geist, den er vom Himmel zu ihnen sandte. Diese Botschaft ist so einzigartig, dass selbst die Engel gern mehr davon erfahren würden.*«

EIN NEUES LEBEN

»*Darum seid bereit und stellt euch ganz und gar auf das Ziel eures Glaubens ein. Lasst euch nichts vormachen, seid nüchtern und richtet all eure Hoffnung auf Gottes Barmherzigkeit, die er euch in vollem*

Ausmaß an dem Tag erweisen wird, wenn Jesus Christus für alle sichtbar kommt.«

Ich möchte an der Stelle noch einmal das Beispiel aus Kapitel 2 von dem blinden Menschen auf dem Balken einbringen. So wie diese blinde Person ihre ganze Hoffnung auf den Menschen setzt, der versprochen hat, sie bis ans Ende des Balkens zu führen, sollen wir unsere ganze Hoffnung auf Jesus setzen und uns von ihm wirklich führen lassen.

»Weil ihr Gottes Kinder seid, gehorcht ihm und lebt nicht mehr wie früher, als ihr euch von euren Leidenschaften beherrschen ließt und Gott noch nicht kanntet. Der heilige Gott hat euch schließlich dazu berufen, ganz zu ihm zu gehören. Danach richtet euer Leben aus! Genau das meint Gott, wenn er sagt: ›Ihr sollt heilig sein, denn ich bin heilig.‹ Ihr betet zu Gott als eurem Vater und wisst, dass er jeden von euch nach seinem Verhalten richten wird; er bevorzugt oder benachteiligt niemanden. Deswegen führt euer Leben in Ehrfurcht vor Gott, solange ihr als Fremde mitten unter den Menschen lebt, die nicht an Christus glauben. Denkt daran, was es Gott gekostet hat, euch aus der Sklaverei der Sünde zu befreien, aus einem sinnlosen Leben, wie es schon eure Vorfahren geführt haben. Christus hat euch losgekauft, aber nicht mit vergänglichem Silber oder Gold, sondern mit seinem eigenen kostbaren Blut, das er wie ein unschuldiges, fehlerloses Lamm für uns geopfert hat. Schon bevor Gott die Welt erschuf, hatte er beschlossen, Christus zu euch zu schicken. Aber erst jetzt, in dieser letzten Zeit, ist Christus euretwegen in die Welt gekommen. Durch ihn habt ihr zum Glauben an Gott gefunden. Gott hat Jesus Christus von den Toten auferweckt und ihm seine göttliche Herrlichkeit gegeben, damit ihr an ihn glaubt und eure ganze Hoffnung auf ihn setzt. Ihr habt euch nun der Wahrheit, die Christus brachte, zugewandt und

habt ihm gehorcht. Darum seid ihr fähig geworden, einander aufrichtig zu lieben. So handelt auch danach, und liebt einander von ganzem Herzen. Ihr seid ja neu geboren worden. Und das verdankt ihr nicht euren Eltern, die euch das irdische Leben schenkten; nein, Gott selbst hat euch durch sein lebendiges und ewiges Wort neues, unvergängliches Leben geschenkt. Ja, es stimmt: ›Die Menschen sind wie das Gras, und ihre Schönheit gleicht den Blumen: Das Gras verdorrt, die Blumen verwelken. Aber das Wort des Herrn bleibt gültig für immer und ewig.‹ Und genau dieses Wort ist die rettende Botschaft, die euch verkündet wurde.«

Wie kommt mein Name in das Buch des Lebens? Wie kann ich mir sicher sein, dass ich alles das, was auf dieser Erde noch kommt, überstehe? Wie schaffe ich es, dass der Glaube nicht nur eine Vertröstung aufs Jenseits ist, sondern jetzt, hier und heute, mein Leben verändert und trägt? Indem du die Hoffnung der Christen zu deiner eigenen machst.

Petrus gibt am Anfang dieses Kapitels eine Kurzanleitung, wie das geht: »*Ihr seid Gottes Kinder geworden, weil Gott, unser Vater, euch von Anfang an dazu auserwählt hat.*« (1. Petrus 1,2)

Was für eine gigantische Aussage! Du hast nichts Gutes getan, um dir das ewige Leben zu verdienen. Du hast aber gleichzeitig auch nichts Schlimmes getan, um zu sagen: »Ich bin zu schlecht für Gott.«

Im Alten Testament gab es die Situation, dass nur Einzelne auserwählt waren. Sie wurden vom Heiligen Geist berührt und wir erfahren, dass sie Gnade vor Gott fanden. Aber mit Jesus Christus gilt das Angebot Gottes allen Menschen.

»So soll es sein, und so gefällt es Gott, unserem Retter. Denn er will, dass alle Menschen gerettet werden und seine Wahrheit erkennen. Es

gibt nur einen einzigen Gott und nur einen Einzigen, der zwischen Gott und den Menschen vermittelt und Frieden schafft. Das ist der Mensch Jesus Christus. Er hat sein Leben hingegeben, um uns alle aus der Gewalt des Bösen zu befreien.« (1. Timotheus 2,3-6). Diese Rettung durch Jesus Christus ist ein tiefgreifendes, umfassendes Geschenk. Gott weiß, dass wir die Tragweite und die Dimension dieses Geschenks nicht aus uns heraus begreifen können.

»Durch die Kraft des Heiligen Geistes könnt ihr jetzt Jesus Christus als euren Herrn anerkennen, weil er am Kreuz sein Blut für euch vergossen und euch von eurer Schuld befreit hat.« (1. Petrus 1). Im Christsein geht es nicht darum, *irgendetwas* zu glauben, im Sinne von »das ist ja interessant« oder »ich halte das für wahr«. Es geht darum, Jesus als seinen *Herrn* anzuerkennen.

Leider stelle ich immer wieder fest, dass auch Menschen, die schon lange mit Jesus unterwegs sind, diese Tragweite nicht verstanden haben. Die Bibel spricht von einem Besitzerwechsel! Durch unsere Schuld, unsere Zielverfehlung, haben wir dem Bösen gehört und damit unterlagen wir dem Tod. Indem ich mich auf den stellvertretenden Tod von Jesus Christus für mich berufe, gehöre ich fortan nicht mehr dem Bösen, sondern Jesus. Das hat zwei Konsequenzen. Erstens: Ich unterliege nicht mehr dem Tod. Natürlich werde ich dieses Leben hier auf der Erde genauso beenden, wie alle anderen vor mir auch, aber dieser Tod wird nicht das Letzte sein. Danach werde ich zu einem neuen Leben wieder auferstehen. Zweitens: Ich gehöre nicht mehr mir selbst! Ich gehöre jetzt Jesus und damit hat er alles Recht, über jeden Bereich meines Lebens zu bestimmen! Warum? Weil er mit seinem Blut für mich bezahlt hat! Ich gehöre ihm.

Wie soll ein Mensch das anerkennen? Wie soll ich denn akzeptieren, dass dieser Kreuzestod für mich und meine Schuld, für mein ewiges Leben, für meinen Eintrag im Buch des Lebens reicht? Dazu braucht es Hoffnung und diese Hoffnung kommt nicht aus uns selbst. Der Heilige Geist gibt uns die Kraft und den Mut, diese weitreichende Entscheidung zu treffen, und er ist es, der die Hoffnung auf ein ewiges Leben mit Jesus in uns freisetzt.

Möglicherweise sitzt oder liegst oder stehst du jetzt vor diesem Buch und eine Menge Gedanken kreisen durch deinen Kopf. Vielleicht denkst du: »Ja, ich bin christlich erzogen, ich halte die Lehre von Jesus für gut und ich halte es für wahr, dass er auferstanden ist. Aber ich *kann* einfach nicht akzeptieren, dass er wirklich der Chef über *alles* in meinem Leben werden will. Sorry, ich schaffe das nicht.«

Ich kann das nachvollziehen. Ich bin zutiefst davon überzeugt, dass die meisten Menschen nicht einfach glauben können. Aber Gott hat uns eine Zusage gemacht: »*Wenn ihr mich sucht, werdet ihr mich finden. Ja, wenn ihr mich von ganzem Herzen sucht, will ich mich von euch finden lassen. Das verspreche ich euch.*« (Jeremia 29,13-14)

Wir können im Gebet nach Gott suchen. Bitte Gott, dass er dir den Heiligen Geist gibt, damit du Jesus als Gottes Sohn, als den Messias, als deinen ganz persönlichen Retter und Herrn erkennen kannst. Bitte den Heiligen Geist, dass er dich durch und durch mit seiner Kraft und mit Hoffnung erfüllt! Und wenn du bittest, wird Gott antworten. Und er schenkt dir: ewige Hoffnung!

Am Anfang dieses Buches standen einige Fragen: Welche Perspektive habe ich auf die Ewigkeit und was hat das mit dem Leben im Hier und Jetzt zu tun? Wer bin ich als Betrachter? Wo schaue ich hindurch? Was sehe ich, wenn ich über dieses Leben hinausblicke? Wenn ich mit dem, was ich da sehe, nicht einverstanden bin, muss ich mich dann im Hier bewegen oder kann ich die Dinge in der Ewigkeit verändern?

Der Glaube an Gott bleibt ein Glaube, eine Hoffnung, ein Noch-nicht-wissen. Ich behaupte, jeder Mensch glaubt etwas. Jeder Mensch hat eine Perspektive auf die Ewigkeit. Wir halten ein Fernrohr in der Hand, mit dem wir in Richtung Ewigkeit schauen können. An diesem Bild des Fernrohres möchte ich gerne noch etwas verdeutlichen.

Wenn du behauptest, an nichts zu glauben, bist du dabei, auf dein Fernrohr einen Deckel zu schrauben. Du glaubst von nun an, dass hinter diesem Deckel nichts mehr kommt, weil du nichts sehen kannst. Das ganze Fernrohr ist aber voller Hinweise und deutlich sichtbarer Zeichen, dass ein Deckel darauf ist. Schon die Tatsache, dass wir Menschen überhaupt in der Lage sind, über unser Jetzt und Hier hinaus zu blicken, uns eine Vorstellung von der Zukunft zu machen, ist ein Hinweis auf unseren Schöpfer. Wenn du wirklich daran festhalten möchtest, dass beim Deckel Schluss ist und du das Fernrohr nur durch Zufall in den Händen hältst, brauchst du mehr Glaube, als jeder, der den Blick durch dieses Rohr wagt und sich auf das, was er da zu sehen bekommt, einlässt.

Nun kannst du durch dieses Fernrohr in Richtung Ewigkeit schauen und es bieten sich viele verschiedene Möglichkeiten, deine Perspektive auf diese Ewigkeit zu wählen. Wir können erkennen, dass dort jemand auf uns wartet. Dieser Jemand hat uns viele Hinweise auf sich und uns dagelassen. Er behauptet, unser Schöpfer zu sein. Er behauptet, uns gemacht zu haben und unserem Dasein einen Sinn gegeben zu haben. Er behauptet, uns zu lieben. *»Denn Gott hat der Welt seine Liebe dadurch gezeigt, dass er seinen einzigen Sohn für sie hergab, damit jeder, der an ihn glaubt, das ewige Leben hat und nicht* *verloren geht.«* (Johannes 3,16). Er behauptet, aus dieser Ewigkeit heraus zu uns gekommen zu sein. Er behauptet, Mensch geworden zu sein und uns den Weg zu sich gezeigt zu haben. Er behauptet, vorausgegangen zu sein und einen Platz vorbereitet zu haben, zu dem er dich einlädt. *»›Seid nicht bestürzt, und habt keine Angst!‹, ermutigte Jesus seine Jünger. ›Vertraut Gott, und vertraut mir! Denn im Haus meines Vaters gibt es viele Wohnungen. Sonst hätte ich euch nicht gesagt: Ich gehe hin, um dort alles für euch vorzubereiten. Und wenn alles bereit ist, werde ich kommen und euch zu mir holen. Dann werdet auch ihr dort sein, wo ich bin.‹«* (Johannes 14,1-3)

Gott hat uns eine Menge Hinweise gegeben, wie wir diese Ewigkeit mitbestimmen können. Wir können im Hier und Jetzt unsere Ewigkeit mitgestalten. Unser Verhalten hier auf der Erde, unser Umgang mit unseren Mitmenschen, unser Verhältnis zu Besitz, Macht und Geld, der Umgang mit Sexualität und Beziehungen werden Einfluss auf unsere Ewigkeit haben. Dieser Gott möchte die Ewigkeit mit dir gemeinsam verbringen und sein Wunsch ist es, heute damit anzufangen. Wenn wir ihn als Ursprung, als Schöpfer, als Vater und eifernden Liebhaber erkennen, verändert das einfach alles in unserem Leben. *»Jetzt sehen wir nur ein undeutliches Bild wie in einem trüben Spiegel. Einmal aber werden wir Gott von Angesicht zu Angesicht sehen. Jetzt erkenne ich nur Bruchstücke, doch einmal werde ich alles klar erkennen, so deutlich, wie Gott mich jetzt schon kennt.«* (1. Korinther 13,12)

DREISSIG TAGE OHNE REUE

Ich habe dieses Buch mit einem sehr persönlichen Kapitel begonnen und so möchte ich es auch gerne beenden. Am dritten Abend der Seminarwoche in Öschingen passierte etwas für mich völlig Ungeplantes, das dem Abend eine von mir nicht geahnte Wendung verlieh.

Vor den jeweiligen Predigten sollte es immer einen kurzen kreativen Beitrag geben. Das war mal ein Filmclip, mal eine Diskussionsrunde mit den Besuchern und an diesem Abend die Präsentation eines Buches: ›Oskar und die Dame in Rosa‹ von Eric Emmanuel Schmitt.

Als ich den Titel des Buches in der Planungs-E-Mail las, konnte ich damit nichts weiter anfangen. Es handelt von einem krebskranken Jungen, der realisiert, dass er nicht wieder gesund wird. Doch keiner hat den Mut, ihm das zu sagen, außer Oma Rosa. Die ehemalige Catcherin nimmt den kleinen Jungen mit auf eine zehntägige Fantasiereise. Er soll sich vorstellen, dass jeder noch verbleibende Tag zehn Lebensjahren entspricht. So springt Oskar im Galopp von der Kindheit in die Pubertät, vom Erwachsenwerden zur Midlife-Crisis, bis zu dem Alter, in dem es für uns Menschen normal wird, zu sterben.

Die Vorstellung und die vorgelesenen Passagen dieses Buches sprengten den geplanten zeitlichen Rahmen bei weitem. Ich war kurzzeitig sehr verunsichert, aber ich merkte, dass Gott dabei war, das Konzept für diesen Abend selber in die Hand zu nehmen. Ich selbst und, ich vermute, ein sehr großer Teil der Besucher, waren extrem ergriffen. Ich konnte nicht einfach mit dem geplanten Thema weitermachen. Folgender Gedanke schoss mir durch den Kopf: Wie könnte ich eine Woche lang über das Thema ›Perspektive Ewigkeit‹ reden, ohne zu berichten, wie so eine Perspektive auf ein ewiges Leben unser Leben hier ganz praktisch verändert? Was bedeutet es, mit einer hoffnungsvollen Perspektive auf die Ewigkeit zu leben und zu sterben?

Als ich darüber nachdachte, wurde mir klar, dass ich an diesem Abend über eine Serie unserer Kirche, eine tiefe Freundschaft und meine bisher schwierigste Erfahrung mit Gott berichten sollte. Um das zu verstehen, muss ich ein klein wenig ausholen.

›Dreißig Tage ohne Reue‹ hieß eine Serie bei uns im ICF Reutlingen. Die Idee dazu hatten wir vom ICF Karlsruhe. Es ging uns aber nicht darum, sie einfach zu kopieren. Vorab hatten wir folgende Gedanken: Martin Luther verfasste in einem Brief, am 31. Oktober 1517 seine weltberühmten 95 Thesen gegen den Ablasshandel der bestehenden Kirche. Sein weitaus bedeutenderes Lebenswerk allerdings war es, die Bibel ins Deutsche zu übersetzen. Durch seine radikale Haltung gegen die bestehende Theologie löste er eine Reformation aus. Tausende von Menschen verloren bei den Streitigkeiten um die »richtige« Theologie ihr Leben. Wir fragten uns: Hat Martin Luther sein Leben und seine Taten bereut?

Bei weitem nicht so lange her, aber auch sehr bedeutend, war das politische Wirken Michael Gorbatschows. Glasnost und Perestroika prägten seine völlig neuen Gedanken im Rahmen der damaligen Sowjetunion. Eine Nation, ein ganzes Reich, in Summe mehr als die Hälfte der Menschheit, wurde durch sein Wirken verändert. Viele haben davon profitiert, viele haben gelitten. Heute ist es still um ihn geworden. In seinem Land wird er nicht als Held gefeiert. Bereut Michael Gorbatschow sein Leben?

Martin Luther King brachte mit seinem Leben, seinem christlichen Glauben und der Rede ›I have a dream‹ eine ganze Nation in Aufruhr. Viele begannen, nachzudenken. Viele begannen, zu handeln, und viele begannen, aufzubegehren. Demonstrationen, Proteste und Gewaltaktionen begleiteten den Weg der USA aus dem Rassismus – ein Weg, der, wie die letzten Jahre zeigen, ganz speziell im Bereich der amerikanischen Polizei noch lange nicht beendet ist. Martin Luther King wurde umgebracht und durfte seinen Traum nicht mehr erleben. Hat er sein Leben und vor allem seine Rede bereut? ›Dreißig Tage ohne Reue‹ war ein Experiment. Wir versuchten, uns als Kirche auf das Wagnis einzulassen, uns vorzustellen, wir alle hätten nur noch dreißig Tage zu leben.

Angenommen, dein Arzt hätte dir die eindeutige Diagnose mitgeteilt, in dreißig Tagen ist Schluss. Wie würde diese Diagnose *dein* Leben verändern? Ist es möglich, die letzten dreißig Tage unseres Lebens so zu leben, dass es *nichts* zu bereuen gibt? Dieses Experiment an und für sich war schon spannend und herausfordernd. Doch für uns wurde der Start zu einem großen Wagnis. Da war zunächst mal der Zeitpunkt. Es war Herbst, eine Jahreszeit, in der viele Menschen sowieso schon zu depressiv angehauchten Gedanken neigen. Wir wollten aber nicht irgendwelche emotionalen Klischees bedienen. Es ging uns nicht um Herbstgefühle.

Dann kamen uns Zweifel, ob wir für so ein Experiment die richtige Gruppe wären. Bei manchen Kritikern standen wir als ICF-Gemeinde in dem Ruf, eine reine Partykirche zu sein. In der Tat haben wir sehr viel Spaß miteinander. Wir genießen die Gemeinschaft und feiern das Leben. War es gut, mit so einer Gruppe eine ganze Serie lang über den Tod nachzudenken? Und dann gab es noch einen Punkt, dessen Tragweite uns beim Start noch nicht klar war. Wäre uns die Bedeutung dieser letzten dreißig Tage am Anfang bewusst gewesen, hätten wir die Serie vermutlich nicht gestartet. Aber dazu komme ich später noch einmal.

WARUM SOLLTEN WIR UNS MIT DEM TOD BESCHÄFTIGEN?

»Herr, lehre uns bedenken, dass wir sterben müssen, auf dass wir klug werden.« (Psalm 90,12). Diese Bibelstelle stand über der gesamten Serie. Hier heißt es nicht: Lehre uns bedenken, dass wir sterben müssen, auf dass wir depressiv werden. Das Nachdenken über den Tod soll uns klüger werden lassen.

Ich bin ein Mensch, der vermutlich in einem etwas höheren Tempo lebt als viele andere. Ich habe sehr viel zu tun. Das liegt nicht daran, dass ich mir für alles zu viel Zeit lasse und dann in Stress komme. Ich mache einfach sehr viel. Ich bin Ehemann, Vater, Sohn, Bruder, Schwager und Freund. Ich arbeite, ich treibe Sport, ich leite eine Kirche, an aktuell drei Standorten. Ich interessiere mich für tausend verschiedene Dinge und halte mich mit Zeitschriften, Fernseher, Social Media und Gesprächen auf dem Laufenden.

Bei aller Beschäftigung gibt es dennoch ab und an Momente in meinem Leben, in denen ich kurz anhalte und mich frage: Wozu eigentlich? Ich meine, was bleibt von all dem, was wir im Leben so machen, übrig? Hat das irgendeine Bedeutung, was ich tue? Wenn du dich einmal ganz ehrlich beobachtest und eine Liste aller Sorgen aufstellen würdest, die du dir im Laufe des Lebens so machst, wie würde diese Liste bei dir aussehen? In meiner persönlichen Liste dreht sich extrem viel um mich. Um meine Bedürfnisse, meinen Leistungen und das, was ich im Leben so erreiche. Ich nehme mich selbst ganz schön wichtig. Mitten in meine Gedanken spricht diese Bibelstelle: Denke daran, auch du wirst sterben!

Wie vieles von dem, was uns so oft Sorgen macht, wird dann belanglos gewesen sein? Ich meine damit nicht, dass es egal ist, was wir im Leben tun, weil wir ja eh alle irgendwann sterben werden. Wenn wir durch das Nachdenken über unseren Tod klug werden sollen, dann meint das, dass wir den Wert des Lebens begreifen sollen, dessen, was im Leben wirklich einen Wert hat. Ich möchte es ganz einfach ausdrücken: Wir sollen die Zeit zwischen unserem Tod und jetzt so leben, dass sie sich gelohnt hat, dass es nichts zu bereuen gibt.

Weil der Tod aber so etwas Abstraktes ist, haben wir in der Gemeinde das Experiment gestartet. Aus einer undefinierten Zeit haben wir eine greifbare, erlebbare Dreißig-Tage-Version gemacht. Die Idee dazu lieferte uns, wie schon so oft, ein Film.

DAS BESTE KOMMT ZUM SCHLUSS

›Das Beste kommt zum Schluss‹ (orig.: The Bucket List) ist ein Film von Regisseur Rob Reiner aus dem Jahr 2007. Der ungläubige, amoralische, weiße Klinikbesitzer und Milliardär Edward Cole (gespielt von Jack Nicholson) und der hoch gebildete, schwarze Automechaniker Carter Chambers (Morgan Freeman) sind beide an Krebs erkrankt. Beide Männer liegen im selben Zimmer eines Krankenhauses, das Cole gehört. Beide müssen verschiedene Krebsbehandlungen, Operationen und Chemotherapie über sich ergehen lassen und freunden sich trotz ihrer Gegensätze aufgrund ihres gemeinsamen Schicksals an. Dann erfahren beide, dass sie nur noch sechs bis zwölf Monate zu leben haben.

In der zwölften Klasse hatte ich zwei Halbjahre lang Psychologie. Eines der spannendsten Themen waren für mich die fünf Phasen des Sterbens nach Elisabeth Kübler-Ross (1926–2004; sie gilt als die Begründerin der Sterbeforschung). Jack Nicholson und Morgan Freeman setzen diese fünf Phasen meisterhaft in Szene. Nachdem Edward und Carter ihre Diagnose erhalten haben, durchlaufen sie der Reihe nach: Ignorieren. Zorn. Verhandeln. Depression. Und schließlich Akzeptanz. Ganz besonders angesprochen hat mich die Phase der Depression. In dieser Phase kommen die waren Ängste zum Vorschein. Als ich mich auf das Dreißig-Tage-Experiment wirklich einließ, war ich auf einmal sehr erstaunt, welche Ängste da tief in mir schlummern. Da gibt es die Angst vor Schmerzen, vor Leid, vor dem Nicht-aushalten-können-aber-müssen. Als ich jedoch noch viel weiter in mir bohrte, stellte ich fest, dass meine *tiefsten* Ängste gar nichts mit mir zu tun hatten. Die Vorstellung, meine Frau und meine Kinder in einer Trauer hinterlassen zu müssen, die ihnen die Freude am Leben rauben könnte, war meine größte Angst.

Im Verlauf dieser Serie wurde ich so oft gefragt, warum wir uns auf so bedrückende und teilweise schmerzhafte Gedanken einlassen sollten. Ich finde die Frage absolut berechtigt, vor allem, wenn es um unsere Ängste geht. Ich denke, es lohnt sich, herauszufinden, was uns Angst macht oder in der vierten Phase des Sterbens Angst machen würde. Denn ich bin der Meinung, nur wer seine Ängste kennt und sich ihnen stellt, hat eine Chance damit abzuschließen.

»Angst ist eben Angst, die hat man nun mal.« Das ist eine sehr menschliche Aussage. In der Bibel wird uns aber etwas anderes aufgezeigt. Eine der häufigsten Aussagen der Bibel ist: »*Fürchte dich nicht«*. In der Lutherübersetzung findet sich diese Aussage über neunzigmal. Angst wird als eine Zielverfehlung unseres Lebens dargestellt. Man kann daher durchaus sagen, die Bibel nennt Angst Sünde. Das ist eine krasse Aussage und man darf sich fragen, wo ich diese hernehme, denn wörtlich steht sie so nicht da.

Gott stellt in der Bibel Anforderungen an uns. Er nennt immer wieder Aufgaben und moralische Verhaltensweisen. Wenn wir diese Anordnungen missachten, sprechen wir von Zielverfehlung, also Sünde. Nun wird unter den Christen über manche Zielverfehlungen besonders gerne geredet. Da wären das Nichteinhalten der zehn Gebote, schlechter Umgang mit Finanzen oder zum Beispiel das Thema ›Sex vor der Ehe‹. Interessanterweise sind das aber Themen, die in der Bibel relativ selten angesprochen werden oder zum Teil sogar gar nicht und durch Auslegung erst einmal erklärt werden müssen.

Über die mit Abstand häufigste Anordnung Gottes wird aber doch eher selten gesprochen. *»Fürchte dich nicht, denn ich bin bei dir; hab keine Angst, denn ich bin dein Gott!«* (Jesaja 41,10) Fürchte dich nicht! Hab keine Angst! Ihr sollt euch nicht fürchten … Hier brauchen wir nicht überlegen: Wie könnte das wohl gemeint sein? Oder wie sollen wir das auf die heutige Zeit übertragen? Das meint Gott ganz genau so, wie er es gesagt hat: Hab keine Angst! Und wenn ich jetzt dennoch Angst habe? Dann können, dürfen, ja, dann sollen wir uns dieser Angst stellen und ihr begegnen. Wir können Gott um Hilfe bitten. Wir dürfen uns von ihm verändern lassen und wir sollen uns von ihm unsere Ängste nehmen lassen: *»Kommt her zu mir alle, die ihr mühselig und beladen seid. Ich werde euch erquicken.«* (Matthäus 11,28)

Wir haben uns im Verlauf der Serie immer wieder die Frage gestellt, ob das mit unseren Ängsten in Bezug auf das Sterben auch in der Realität funktionieren würde. Darauf möchte ich später noch einmal zurückkommen.

DIE FÜNF PHASEN

Als Kirche wollten wir uns auch in dieser speziellen Serie nicht nur mit dem Sterben beschäftigen. Lehre uns bedenken, auf dass wir klug werden, heißt: im Leben! Nicht erst im Sterben, denn dann ist es ja schon ein bisschen spät.

Es ist unser Ziel als Kirche, Menschen dabei zu helfen, eine lebendige Beziehung mit Jesus Christus aufzubauen. Auf dem Weg zu solch einer lebendigen Beziehung haben wir bei sehr Vielen eine Beobachtung gemacht. Interessanterweise erleben Menschen die fünf Phasen nicht nur bei der Diagnose des nahenden Sterbens, sondern auch, wenn sie Gott in ihrem Leben begegnen. Zunächst befremdete mich dieser Gedanke. Je länger ich aber darüber nachdenke, desto logischer erscheint er mir. Jesus sagt einmal: »*Wer sich an sein Leben klammert, der wird es verlieren. Wer aber sein Leben verliert, der wird es für immer gewinnen.*« (Lukas 17,33)

Dabei geht es Jesus nicht um das biologische Sterben. Er redet davon, ihm unser Leben anzuvertrauen und ihm bedingungslos nachzufolgen, den Anspruch auf unser Leben an ihn abzutreten. Jesus sagt, ihm nachzufolgen heißt, sein altes Leben abzugeben, also im Grunde genommen nichts anderes als zu sterben.

Das kommt übrigens in der Taufe zum Ausdruck, wenn wir mit Jesus in den Tod gehen (stellvertretend dafür steht das Wasser) und mit ihm als eine neue Kreatur wieder herauskommen. Da macht es durchaus Sinn, dass wir die fünf Phasen des Sterbens auch vor der Übergabe unseres Lebens an Jesus durchlaufen.

Vielleicht möchtest du an der Stelle einen kurzen Selbsttest machen? In welcher Phase steckst du ganz persönlich?

1. Ignorierst du Jesus noch?
2. Bist du zornig oder auch verletzt von ihm?
3. Bist du am Verhandeln? Das sieht in der Regel so aus, dass wir versuchen über moralische Deals ein ordentliches Leben zu führen, das am Ende dann doch irgendwie für den Himmel reichen soll. Wir verhandeln noch über die Frage: »Wie viel Gutes muss ich dazu tun?«
4. Steckst du in einer Depression? Diese Depression versteckt sich manchmal. Du hast Angst davor, Jesus dein Leben anzuvertrauen, weil du befürchtest, dass du dann Dinge oder Verhaltensweisen loslassen musst, die du liebgewonnen hast. Das Wort ›Angst‹ kommt von ›Enge‹. Du hast eventuell Angst davor, dass dir ein Leben mit Jesus zu eng wird?
5. Bist du schon in der Phase der Akzeptanz und hast dich Jesus und einem neuen Leben mit ihm voll hingegeben?

Warum kam mir an einem Mittwochabend in Öschingen, ein paar Minuten, bevor ich eine fertig vorbereitete Predigt halten wollte, diese Serie so extrem ins Gedächtnis, dass ich alle Planungen über den Haufen warf und einfach frei zu erzählen begann? Weil ich im Laufe dieser Serie eine lebensverändernde Erfahrung gemacht hatte, die tiefer ging, als jede Theorie und logische Erkenntnis es je könnte. Ich musste, vielmehr ich durfte erleben, wie es aussieht, wenn ein Mensch mit der Perspektive Ewigkeit seinem eigenen Tod entgegengeht.

Das muss ich näher erklären. Wie ich bereits im Eingangskapitel erwähnt habe, bin ich 1974 in Lüdenscheid in Nordrhein-Westfalen geboren. Im Sommer 1975 zogen meine Eltern berufsbedingt nach

Dettingen in Baden-Württemberg. Das bedeutete, dass sie einen sehr krassen Kulturwechsel zu bewältigen hatten. Eine andere Sprache, eine andere Mentalität und ein komplett neues soziales Umfeld warteten dort auf uns. Beziehungsweise wartete es nicht gerade. Viele Leute waren zunächst sehr skeptisch oder zurückhaltend und es fiel meinen Eltern nicht leicht, neue Freunde zu finden. Eine echte Hilfe war es, dass sie sich bemühten, sich der Kirchengemeinde und dem CVJM anzuschließen. In diesem Umfeld lernten sie die Familie Rominger kennen. Deren damals noch drei Kinder waren in etwa im selben Alter wie mein Bruder und ich. Bei immer häufigeren gemeinsamen Familienausflügen und Feiern lernten wir uns intensiv kennen.

Eine der allerersten Erinnerungen, die ich an Marc Rominger habe, ist, wie wir gemeinsam an Weihnachten bei uns zu Hause unter dem Baum sitzen und unser Meerschweinchen Susi in einem Barbie-Jeep durch die Wohnung fahren. Ich erinnere mich an eine ganz normale Kinderfreundschaft. Da spielt man miteinander, man streitet, haut sich gegenseitig die Matchboxautos gegen den Kopf, um sich anschließend ganz schnell wieder zu vertragen und weiter zu spielen.

Wesentlich intensiver als die Kindheit war unsere gemeinsame Teenagerzeit. Marc war der Besserwisser und ich das Großmaul. Oder vielleicht war es auch umgekehrt, da waren wir uns später nie so ganz sicher. Auf jeden Fall hatten wir eine Menge sehr hitziger Diskussionen über Gott und die Welt. So sehr wir uns in einigen Dingen auch unterschieden, gab es etwas, dass uns sehr tief miteinander verband: lange Haare, die Liebe zu christlicher Rockmusik und unser gemeinsames großes Idol Les Carlsen, Leadsänger der Band Bloodgood. Ich möchte ehrlich sein. Der Glaube spielte schon eine Rolle, aber es ging definitiv mehr um Rock und Musik, als um christlich. Ich habe keine Ahnung mehr, auf wie vielen Konzerten wir gemeinsam waren. Es waren viele.

Doch dann gab es so eine Wende in unserem Verhältnis zueinander. Während ich mich auf das Musikhören und den Sport konzentrierte, wuchs für Marc das Musikmachen immer mehr an Bedeutung. Er gründete zu der Zeit mit meinem Bruder und ein paar anderen Jungs die Band Golgatha. Von da an liefen unsere Wege zunehmend auseinander. Nicht, weil wir uns nicht mehr verstanden hätten. Es waren einfach unterschiedliche Interessen. Danach gab es eine lange Phase, in der wir beide nur noch sehr selten etwas voneinander mitbekamen. Bei gelegentlichen Familienfeiern nahm man die wichtigen Eckdaten des Anderen zur Kenntnis. Marc heiratete Sonja, ich Bianca. Wir kauften eine Wohnung in der Buchhalde, die beiden in der Hölderlinstraße. Lauter wirklich weltbewegende Dinge eben. Die Beziehung plätscherte einfach so vor sich hin.

Eines Tages erfuhr ich, dass Marcs Vater einen schweren Unfall in Schweden hatte. Er war von einem Fahrradfahrer angefahren worden und gestürzt. Die Verletzungen waren so schwer, dass er Tage später an den Folgen starb. Wir waren zu der Zeit gerade dabei, ICF Reutlingen zu gründen. Ich war bei der Beerdigung von Horst und werde diese vielleicht nie wieder vergessen. Pfarrer Harald Grimm sprach über einen Vers, der über Horsts Leben stand: *»Freuet euch in dem Herrn alle Wege, und abermals sage ich: Freuet euch!«* (Philipper 4,4). Das war der Vers, den Horst und seine Frau an ihrer Hochzeit als Trauvers zugesprochen bekommen haben. Als ich diesen Vers hörte, erschrak ich. Ich dachte, es sei völlig unpassend, so einen Vers für eine Beerdigung auszuwählen. Aber ich lag völlig daneben. Noch nie zuvor hatte ich eine so schmerzhafte und gleichzeitig so hoffnungsvolle Beerdigung erlebt. Harald Grimm gelang es dermaßen gut auf den Punkt zu bringen, was Horsts Romingers Hoffnung und Glaube im Leben gewesen war. Ich war zutiefst beeindruckt. Mitten in dieser Trauerfeier merkte ich, wie Gott zu mir sprach: »Heute beginnt ein neues Kapitel eurer Freundschaft. Es gibt einen wirklichen Grund zur Freude.« Nach der Beisetzung nahm ich Marc in den Arm und lud ihn ein, ob er einmal zu uns kommen wolle. Ich hielt es für einen völlig unpassenden Augenblick und schämte mich ein bisschen. Aber ich hatte so ein krasses Gefühl, dass ich das machen sollte. Marc konnte sich später an den Moment gar nicht mehr erinnern.

Noch war der Zeitpunkt auch nicht gekommen, an dem unsere Freundschaft wieder enger werden sollte. Es vergingen noch einige Monate. In der Zwischenzeit erlebte ich einige sehr spannende Momente mit Marcs jüngerem Bruder Dirk. Ich erfuhr erst viel später, dass diese entscheidend dazu beitrugen, dass Marc wieder offen und interessiert für unsere Freundschaft wurde. Während eines Konzerts seines anderen Bruders Jens mit seiner Band Crushhead erfuhr ich, dass es Marc sehr schlecht ging. Er lag mit einer Lungenembolie in Tübingen im Krankenhaus. Gleich am nächsten Tag fuhr ich zu ihm. Wir redeten, beteten und lachten miteinander. Später berichtete mir Marc einmal auf eine höchst theatralische Art, wie nur er es konnte, dass ich ihm in diesem Moment zweimal das Leben gerettet hätte. Damit meinte er die doch sehr bemerkenswerte Heilung seiner Lunge, aber vor allem auch die Tatsache, dass er in diesem Moment noch einmal ganz neu sein Leben Jesus Christus anvertraute. Ich sehe meinen Anteil an beidem äußerst gering. In meinen Augen begegnete ihm an diesem Tag einfach Jesus und rief ihn noch einmal ganz neu.

Wie auch immer es nun war, dieser Tag veränderte das Leben von Marc und seiner Frau grundlegend. Marc schloss sich unserer ICF-Band an und von da an waren die beiden jeden Sonntag am Start. Jesus und die Gemeinde bekamen für sie eine absolute Priorität. Marc war so radikal, dass er in allen Lebensbereichen Entscheidungen traf und umsetzte. Seine manchmal sehr provozierende Art hatte er nicht verloren. Immer wieder forderte er mich in persönlichen Gesprächen sehr heraus. Aber in unserer Beziehung zueinander war wirklich etwas Tiefgreifendes geschehen. Er war für mich nicht einfach nur der Freund von damals. Er war einer der loyalsten und treuesten Mitarbeiter. Marc prägte unsere Bühne, unseren Musikstil und damit unsere gesamte Gemeinde. Wir konnten uns beide vorstellen, in vielen Jahren einmal bei einem Bierchen zusammenzusitzen und von früher zu erzählen.

Es war im Februar 2010. Ich war gerade in Reutlingen unterwegs, als mein Handy klingelte. Als ich auf das Display schaute, freute ich mich: ein Anruf von Marc. Lächelnd nahm ich ihn entgegen. Dieses Lächeln gefror innerhalb weniger Sekunden in meinem Gesicht. Ich hatte das Gefühl, dass es mir den Boden unter den Füßen wegziehen würde. Sein Anruf kam aus der Klinik in Tübingen. Aufgrund starker Kopfschmerzen war er zu seinem Hausarzt gegangen. Dieser konnte ihm nicht helfen und überwies ihn in die Klinik. Dort wurde ein CT gemacht und die Diagnose war niederschmetternd: Hirntumor.

Schon die Wörter Tumor und Krebs lösen etwas in uns aus. Wir haben sofort die gruseligsten Bilder vor Augen, obwohl prozentual gesehen die allermeisten Formen von Krebs therapierbar sind und eine vollständige Heilung gar nicht so unwahrscheinlich ist. Die Art des Tumors bei Marc gehörte aber nicht zu diesen hoffnungsvollen

Varianten. Es war eine extrem aggressive, schnellwachsende Form des Krebses. Ich bin heute noch sprachlos darüber, wie gefasst Marc die Diagnose aufnahm. Ganz sachlich berichtete er mir von den Gesprächen mit den Ärzten. Die Situation war so unwirklich. Nach etwa zwei Stunden verließ ich die Klinik und fragte mich, wer da eigentlich gerade für wen da war? Diese Frage begleitete mich die nächsten Monate ständig.

Die erste Operation verlief sehr gut. Die Ärzte konnten alles entfernen und es gab keine bleibenden Schädigungen. Auch die anschließende Chemotherapie vertrug Marc besser, als zu erwarten gewesen war. Außer dem Verlust seiner Haare war ihm nicht anzusehen, was sein Körper da gerade alles durchmachen musste. Dank einer coolen Mütze, die von da an zu Marcs ständigem Begleiter wurde, war selbst diese Einschränkung nicht besonders tragisch.

Ein paar Wochen nach der ersten Chemo hatten wir ein ganz spezielles Erlebnis. Das Propheten-Ehepaar Doug und Barryl Maskell aus Neuseeland war mal wieder zu Besuch bei uns. Ich habe zum Thema Prophetie sehr gemischte Gefühle, weil ich schon so viele komische und zum Teil auch negative Dinge erlebt habe. Bei Maskells ist das anders. Die beiden sind mittlerweile Anfang neunzig und blicken auf über sechzig Jahre prophetischen Dienst zurück. Ich habe noch nie vorher erlebt, wie die Gabe der Prophetie, Weisheit, Lebenserfahrung und Demut in einer so krassen Art zusammenkommen wie bei den beiden. Sie waren schon mehrmals bei uns gewesen und wir hatten erlebt, wie Gott durch sie zu uns sprach. Maskells beteten für die anwesenden Personen und gingen eine nach der anderen durch. Für Marc hatten sie folgende Bibelstelle: »*Ja, Gott, der Herr, macht mich stark; er beflügelt meine Schritte, wie eine Gazelle kann ich über*

die Berge springen. Dieses Lied soll mit Saiteninstrumenten beglei-
tet werden.« (Habakuk 3,19). Als erstes fiel mir dieser Nachsatz auf.
Maskells hatten keine Ahnung, dass Marc Gitarrist war. Vielleicht
war es auch ein völlig unwichtiges Detail. Mir fiel es jedenfalls auf.
Das wirklich Spannende an dieser Bibelstelle war die Erklärung von
Maskells, bei der ich eine krasse Gänsehaut bekam. »Marc, there
is a higher place to go an you will reach this next plateau.« Wow,
genau so beginnt ein Lied von der Band Petra, das uns beiden viel
bedeutete. Während Doug Maskell redete, hatte ich diesen Song innerlich vor mir: »Es gibt einen höheren Ort, für den wir bestimmt
sind. Unglaublich! Dort werden wir das nächste Plateau erreichen!
Unglaublich! Wir werden im Glauben wachsen, der Quelle des Ewigen Lebens entgegen. Er winkt uns bereits zu. Wir werden versuchen, diesen Glaubenssprung zu vermeiden, uns abzusichern. Aber
um die andere Seite des Flusses zu erreichen, müssen wir nasse Füße
bekommen. Vor diesem Ziel liegt ein tiefer, ein steiniger Weg. Er, der
das Werk in dir begonnen hat, wird es nicht aufgeben. Dazwischen
wirst du sehr schwach sein, aber nun sind wir stark! Unglaublich!«
(frei übersetzt nach ›Beyond Belief‹ von Petra, 1990)

Im Nachhinein habe ich das Gefühl, dass Marc die Bedeutung dieser Prophetie viel bewusster war als mir. In der Fachsprache würde
man sagen, ich hätte ihn seelsorgerlich betreut. In Wahrheit besuchte
ich Marc und wurde dabei jedes Mal durch ihn gestärkt. Marc hatte
eine Perspektive für seine Ewigkeit und diese hatte Konsequenzen für
sein Leben hier, seine Krankheit, seinen Umgang damit und vor allem für sein Sterben. Egal welche Behandlung auch kam, OP, Chemo,
Bestrahlung, Mark hielt sich immer an diesem Wort fest: »Gott wird
mich stark machen und in neue Höhen führen.«

Wir beteten viel gemeinsam und hofften, dass wir diese Höhen gemeinsam hier auf der Erde erleben würden. Ich gab bis zum letzten Moment alles. Gemeinsam mit vielen anderen zusammen betten wir, fasteten, rangen mit Gott um Heilung. Wir legten Marc die Hände auf, ölten ihn und worshipten, bis wir heiser waren. Die von uns gewünschte Heilung blieb aus. An seinem Geburtstag, dem 7. Dezember 2010, starb Marc.

DREISSIG TAGE OHNE REUE

Im Frühherbst 2010 hatte Marc noch einmal eine richtig gute Phase. Nach seiner Reha im Sommer und einer weiteren Operation war er sonntags wieder bei uns. Wir machten uns bei der Planung unserer Serie keine großen Gedanken, dass unmittelbare Zusammenhänge entstehen könnten. Aber dann kam es eben anders. Sein Zustand verschlechterte sich rasend schnell und mitten in diesen Kampf hinein kam unsere Serie ›Dreißig Tage ohne Reue‹. Auf einmal war das alles kein Gedankenspiel mehr, kein Experiment. Wir spürten, wie es wirklich auf das Sterben zuging, und wir fragten uns, wie man so leben kann, dass man nichts zu bereuen hat?

Ich wollte die Serie abbrechen, war innerlich total zerrissen, wusste nicht, ob das alles gut oder schlecht war. Doch dann wurde gerade in dieser Serie Marcs Umgang mit seiner Situation zum größten Glaubenszeugnis, dass ich je erlebt habe. Ich erinnere mich an so viele Dinge in diesen zehn Monaten, aber nicht daran, dass Marc jemals geklagt hätte. Er sagte immer wieder: »Mein Leben liegt in der Hand Gottes. Ich bin bereit, seinen Weg zu gehen. Ob ich nun wieder gesund werde oder sterbe.« Und ich dachte oft bei mir, das lässt sich noch einigermaßen locker sagen, wenn es einem noch ganz gut geht.

Aber Marc änderte seine Haltung nicht, auch nicht, als es nur noch dreißig Tage waren. Bis zum letzten Atemzug ging er voller Frieden diesen Weg zu Ende. Ich habe mich gefragt: Wie kann ein Mensch mit solch einer Gewissheit und so einem Frieden mit Gott gehen? Wie kann diese Perspektive auf die Ewigkeit uns so intensiv verändern? »*Herr, lehre uns bedenken, dass wir sterben müssen, auf dass wir klug werden.*« (Psalm 90,12)

Marc nutzte die letzten zehn Monate seines Lebens, um klug zu werden. Er ließ sich voll und ganz auf die Beziehung mit Jesus ein und fand Antworten auf die tiefsten Fragen des Lebens. Eine der letzten Bibelstellen, auf die Gott uns gemeinsam aufmerksam gemacht hat, ist folgende: »*Ich versichere euch: Wer auf mein Wort hört und dem glaubt, der mich gesandt hat, der hat das ewige Leben. Auf ihn kommt keine Verurteilung mehr zu; er hat den Schritt vom Tod ins Leben getan. Ich sage euch: Die Zeit kommt, ja sie ist schon da, wo die Toten die Stimme des Sohnes Gottes hören werden, und wer sie hört, wird leben.*« (Johannes 5,24)

Marc verließ sich darauf, dass Jesus Christus für seine Sünden gestorben ist, und nicht darauf, ein doch ganz anständiger Kerl gewesen zu sein, was er ohne Zweifel war. Marc verließ sich in seinem Sterben darauf, dass ein Anderer für ihn bezahlt hat, und nicht auf seine eigenen guten Taten, von denen es definitiv eine Menge in seinem Leben gab.

Marc machte mir auf seinem Sterbebett etwas ganz tief bewusst: Es ist etwas anderes, ob man mit der ungewissen Frage stirbt, ob es denn da wirklich einen Gott gibt und ob unser gelebtes Leben vor ihm Bestand haben wird oder ob man die Hoffnung hat, dass es da einen gibt, der in seiner Barmherzigkeit und Gnade für meine Sünden und alle Unzulänglichkeiten meines Lebens bezahlt hat.

Zu wissen, dass es gar nicht ausreichen muss, sondern dass ein Anderer den Preis bezahlt hat, das ist das Zentrum des christlichen Glaubens und mit diesem Glauben lässt es sich besser leben und besser sterben.

HEILUNG?

Aber warum hat Gott Marc nicht geheilt? Marc wurde nur 39. Warum darf er nicht mindestens noch vierzig Jahre mit uns zusammen Kirche bauen und E-Gitarren rocken lassen? Darauf habe ich keine Antwort. Das ist eine Frage, die einen Teil ihres quälenden Schmerzes für mich behält. Ich habe bis heute auch noch keine Antwort in der Bibel gefunden. Eine Antwort nicht, aber eine Zusage: *»Jesus gab ihm zur Antwort: ›Was ich tue, verstehst du jetzt nicht; aber später wirst du es begreifen.«* (Johannes 13,7)

So, wie ich die Welt aus meinem menschlichen Blickwinkel betrachte, reicht mir diese Zusage nicht aus. Dazu brauche ich eine andere Perspektive. Die Perspektive, dass es noch mehr gibt, als das Hier und Jetzt. Dass es mehr gibt, als ich sehen kann. Dass es weiter geht, als wir von uns aus gehen können, und dass es Antworten gibt, die wir erst mit dieser Perspektive verstehen werden: der Perspektive Ewigkeit.

DANKE

Ich möchte mich ganz herzlich bei den Verantwortlichen des CVJM Öschingen für die Einladung und Herausforderung bedanken, eine Seminarwoche zum Thema ›Perspektive Ewigkeit‹ zu halten. Danke für das Vertrauen und den Mut, mir diese Möglichkeit zu schenken.

Ebenso möchte ich mich bei all den Gruppenleitern und Mitarbeitern meiner früheren Kirchengemeinde bedanken. Hier wurde so viel in mich hineingelegt und investiert, von dem ich heute noch profitiere.

Einen großen Dank möchte ich auch an alle Leiter und Verantwortlichen des ICF Movement richten. Ihr tragt immer wieder dazu bei, meinen Glauben und Kirche aus ganz verschiedenen Perspektiven zu betrachten und zu leben.

Ich bin dankbar für ein grandioses Leitungsteam und fantastische Mitarbeiter im ICF Reutlingen. Ihr seid Motivation, Inspiration und Herausforderung gleichzeitig.

Danke an meine Kinder Jan und Leoni, meine Frau Bianca und Oli Keppeler. Ihr gebt mir den Rückhalt und die Ermutigung, dran zu bleiben und immer wieder neue Schritte zu wagen.

Mein größter Dank gilt Jesus Christus. Er ist der Weg, die Wahrheit und das Ziel, auf das hin sich alle meine Perspektiven fokussieren. Was er für mich getan hat und tut, kann ich nicht in Worte fassen.

ÜBER DEN AUTOR

Mike Schmidt ist Wirtschaftsfachwirt und Pastor. Nach zehnjähriger Erfahrung im Vertrieb bei internationalen Konzernen gründete er gemeinsam mit seiner Frau Bianca das ICF Reutlingen (International Christian Fellowship). Sein Schwerpunkt ist es, die Botschaft von Jesus Christus so zu formulieren, dass sie verständlich und praktisch anwendbar ist. Ihr gemeinsamer Traum ist es Menschen dabei zu helfen, eine lebendige Beziehung mit Jesus Christus aufzubauen.

ÜBER DIE KIRCHE

ICF Reutlingen ist eine überkonfessionelle Freikirche auf biblischer Grundlage, die aus dem Traum entstanden ist, Kirche für die Menschen dynamisch, lebensnah und zeitgemäß zu gestalten. In unserer Vision nimmt Kirche durch die Hingabe von Menschen wieder positiven Einfluss auf unsere Gesellschaft. Unser Ziel ist es, durch diese Gemeinschaft Menschen in eine lebendige Beziehung mit Jesus Christus zu führen.

www.icf-reutlingen.de

KINO IST EIN
SPANNENDER ORT

Zu allen Bereichen des Lebens lässt sich ein passender Film finden. Hollywood & Co liefern zu fast allen Fragen eine verfilmte Antwort. Aber kann man durch Kinofilme auch Gott begegnen?

Das erste Buch von Mike Schmidt nimmt uns mit auf eine Reise. Es versucht anhand von spannenden, unterhaltsamen und tiefgründigen Filmen Antworten auf zentrale Fragen des Lebens zu geben.

Bestellen unter www.icf-reutlingen.de/media/buecher/